Das kleine
A B C
der Sportverletzungen

Impressum

WESSP. Werbung und Engagement für
Sport, Seminare und Publikationen GmbH
Nordring 102 · D-90409 Nürnberg

© 2001 WESSP. Verlag GmbH
1. Auflage 2001
ISBN 3-934651-20-8

Bildnachweis:
Thomas Riese, Thomas Wessinghage
Markus Ryffel, Polar

Druck: Aumüller Druck, Regensburg

Dieses Buch wurde vom Autor sorgsam erarbeitet.
Alle Angaben, Hinweise und Empfehlungen erfolgen
jedoch ohne Gewähr. Somit können weder der Autor noch
der Verlag für etwaig entstandenen Schaden oder
Nachteile eine Haftung übernehmen.

WESSPoly

Dr. Thomas Wessinghage

Das kleine
A B C
der Sportverletzungen

Ursachen–Abhilfe–Vorbeugung

WESSP.®
Werbung und Engagement für Sport, Seminare und Publikationen GmbH

Übungen:

Vorwort

Dr. Thomas Wessinghage ist mein langjähriger sportlicher Trainings- und Wettkampfkollege, mit welchem ich im Verlaufe von über 20 Jahren viele schöne und interessante Stunden verbringen durfte. Wir konnten gemeinsam auf unseren Erfahrungen aufbauen, haben dadurch wichtige Erkenntnisse und auch entsprechende sportliche Leistungsnachweise erreichen können.

Seit 1979 führen wir zudem regelmäßig gemeinsame Lauf- und Fitness-Seminare in St. Moritz und Umgebung durch. Unser Zielpublikum reicht von der Einsteigerin bis hin zum „Profi". Da Laufen keine primitive Angelegenheit ist, sondern eine Technik wie beim Tennis oder Skifahren voraussetzt, vermittelten wir von Grund auf Theorie und Praxis.

Damals wurden wir noch als „Exoten" belächelt, denn zu dieser Zeit verstand man allgemein unter einem perfekten Lauftraining zum optimalen Erfolg einfach das Abspulen von möglichst vielen Kilometern. Damals waren wir zwei, zumindest im deutschsprachigen Raum, die ersten, die ausdrücklich immer wieder darauf hingewiesen haben, dass erfolgreiches Laufen eine recht komplexe Sache ist.

Unsere Absicht war, den Läufern zu zeigen, wie man seine Kräfte sinnvoll einsetzen und ökonomisch laufen kann. Denn Laufen ist die Summe aller 5 Konditionsfaktoren, von Kraft, Beweglichkeit, Schnelligkeit, Ausdauer und Koordination. Daher gilt es schon im Trainingsalltag, möglichst vielseitig und umfassend Sport zu treiben. Wir waren schon immer Verfechter eines möglichst polysportiven Trainings. Das eigentliche Ziel ist es ja, Wege zu lebenslangem, beschwerdefreiem Sporttreiben aufzuzeigen und dazu braucht es eben auch Sportarten wie z. B. Rad fahren, Aqua-Fit, Skilanglauf etc. Genau diese Vielseitigkeit hatte es auch uns zweien erlaubt, nicht nur zur Weltklasse vorzustoßen, sondern uns ebenfalls über Jahre darin halten zu können. Diese Vielseitigkeit schont eben nicht nur den Bewegungsapparat, sondern lockert und befreit auch die Psyche.

Das vorliegende Buch von Dr. Thomas Wessinghage befasst sich daher nicht nur mit Sportverletzungen, sondern geht gezielt davon aus, dass richtiges Trainieren diese eigentlich ja verhindert. Seine persönlichen Erfahrungen und sein fundiertes ärztliches Fachwissen prädestinieren ihn natürlich dafür, Ratschläge zu geben, auch für den Fall, dass trotz allem einmal eine Verletzung auftreten sollte.

Man kann aus seinem Buch förmlich spüren, dass Dr. Thomas Wessinghage das auch selbst lebt, was er schreibt. Durch seine Erfahrung als Orthopäde und Chefarzt sind seine Tipps zur Vorbeugung gegen und Abhilfe bei Verletzungen für jede Sportlerin und jeden Sportler äußerst wertvoll.

Ich gratuliere Dr. Thomas Wessinghage zu seinem Buch und freue mich, dass ein solch gelungenes Werk nun einer an Sport und Gesundheitsvorsorge interessierten Öffentlichkeit zur Verfügung steht !

Markus Ryffel
Olympia-Silbermedaillengewinner
5000 m Los Angeles 1984

A – Achillessehnenreizung

Ursachen:

Hinter den Überlastungsschäden der großen Sehne, die Wadenmuskulatur und Fuß miteinander verbindet, verbirgt sich eines der schwierigsten Probleme der Sporttraumatologie (auch wenn es am Anfang des Alphabets steht). So vielschichtig sind die möglichen Ursachen einer Achillessehnenreizung, dass deren Aufzählung an dieser Stelle stichwortartig erfolgen muss:

• Fußfehlstatik (wie Knick-Senkfuß oder Hohlfuß)
• Beinachsenfehler (wie starkes O- oder X-Bein)
• Verkürzungen der Wadenmuskulatur (Zwillingswadenmuskel, Schollenmuskel)
• Beinlängendifferenz
• traumatische Gründe (Umknicken im Sprunggelenk, Fouls beim Mannschaftssport usw.)
• falsche (weil z. B. nicht passende) Sportschuhe
und viele andere mehr...

Zunächst reagiert die Sehne nicht selbst auf die Fehlbelastung, sondern das sie umgebende Gleitgewebe. Es schwillt an, oft lassen sich Rötungen und Überwärmung nachweisen. Im weiteren Verlauf sind aber auch Reaktionen der Sehne selbst nicht selten, die dann eine sog. spindelförmige Auftreibung (= Verdickung) aufweist. Hier sind dann Druck- und Belastungsschmerzen spürbar, die sehr hartnäckig sein können. Im Zentrum dieser Schwellung finden sich dann meist abgestorbene

Sehnenfasern, sodass die Sehne an einer solchen, oft deutlich sichtbaren Verdickung, sogar ihre schwächste Stelle haben kann. In diesen Fällen ist bei plötzlichen, heftigen Bewegungen ein Riss der Sehne nicht auszuschließen.

Abhilfe:

Therapeutisch ist die Erkennung und Beseitigung der Ursache der Achillessehnenreizung sicherlich die langfristig sinnvollste Maßnahme, leider aber oft auch eine sehr schwierige. Zumal individuelle Auffälligkeiten nicht in allen Fällen gleich zu bewerten sind. Mit anderen Worten: wenn der Sportler A von einer stützenden Schuheinlage profitiert, brauchen die Achillessehnenbeschwerden des Sportlers B noch lange nicht genauso positiv auf Einlagen zu reagieren.

Neben der Vielzahl der ursächlichen therapeutischen Maßnahmen wird das Bild aber auch dadurch kompliziert, daß nicht selten auch einfache symptomatische, z.B. entzündungshemmende Maßnahmen, gute Erfolge erbringen. Im Falle der Achillessehnenreizung haben sich beispielsweise Dehnungen der Wadenmuskulatur (Zwillingswadenmuskel und Schollenmuskel separat!), tiefe Querfriktionen, Ultraschallbehandlungen (durch den Physiotherapeuten) und Eisanwendungen bewährt. Erst danach sollten, falls keine Besserung eingetreten ist, Injektionen erfolgen - wenn überhaupt, da sie ja evtl. unerwünschte Nebenwirkungen, z.B. eine Schwächung der Achillessehne, mit sich brin-

A

gen können. Letztlich können falsche Behandlungen, beispielsweise die Injektion von Corticoidpräparaten in die Sehne hinein, sogar den Riss einer Sehne nach sich ziehen.

Eine persönliche Erfahrung am Rande: wie so oft ist Vorbeugen besser als Heilen. Ausreichendes Auf- und Abwärmen, regelmäßiges (und richtiges!) Stretching, die angemessene Mischung von Belastung (Training und Wettkampf) und Regeneration, überhaupt ein vernünftiger Trainingsaufbau sind die beste Prophylaxe gegen Überlastungsschäden jeder Art.

Hier ist die Achillessehne besonders verletzungsgefährdet:

Übergang vom Muskel zur Sehne

Schmalste Stelle der Achillessehne

Ansatz am Fersenbein

B – Bandscheibenprobleme

Rückenschmerzen gehören heutzutage fast zum Alltag. Rückenleiden sind in Deutschland, England oder Amerika der häufigste Grund für Arztbesuche und für Fehlzeiten am Arbeitsplatz. Leider sind Sportler/innen primär davon nicht ausgenommen, schon gar nicht Läufer/innen.

Ursache:

Bei den Ursachen, die zu einer so starken Verbreitung von Wirbelsäulenproblemen führen, stehen sicherlich die modernen Lebensgewohnheiten im Vordergrund. Vor allem der Zwang, viele Beschäftigungen über Stunden im Sitzen ausführen zu müssen, führt zu einer dauerhaften Entlastung - und damit Schwächung - des Muskelkorsetts. Aufgrund der dabei meist ungünstigen Körperhaltung (hohe Druckbelastung der Wirbel und Bandscheiben!) und der zudem schwachen Muskulatur (Dauerentlastung der Rumpfmuskulatur im Sitzen!) wirkt ein in doppelter Hinsicht ungünstiges Geschehen auf unseren Rücken ein.

Die Wirbelsäule des Menschen setzt sich aus 24 Einzelwirbeln sowie dem zu einem kompakten Knochen verschmolzenen Kreuzbein (früher 5 Kreuzwirbel) zusammen. Die Zwischenräume werden von den Bandscheiben eingenommen, die Beweglichkeit und federnde Lagerung gewährleisten sowie der Stoßdämpfung und

Druckentlastung zwischen den einzelnen Wirbelsäulensegmenten dienen. Im Laufe des Lebens eines jeden Menschen kommt es zur Degeneration, d.h. zur Abnutzung wesentlicher Strukturen des Organsystems, insbesondere auch des Bewegungsapparates. Die Wirbelsäule und natürlich auch die Bandscheiben machen dabei keine Ausnahme. Wissenschaftliche Untersuchungen haben allerdings bewiesen, dass das (z. B. durch Röntgenuntersuchungen nachweisbare) Ausmaß der Degeneration nicht gleichbedeutend sein muss mit dem Ausmaß der Beschwerden eines Patienten. So können heftige Schmerzen auch dann vorliegen, wenn die sog. bildgebenden Untersuchungsverfahren keinen auffälligen Befund erkennen lassen. Hingegen kann ein voll funktionsfähiger, schmerzfreier Rücken im Röntgenbild durchaus erhebliche Veränderungen erkennen lassen (z. B. als Reaktion auf das fortgeschrittene Alter des/r Betreffenden).

Diese Erkenntnis kann auch auf einen Bandscheibenvorfall zutreffen. Bei ständiger Fehlbelastung (s. o.) können die Bandscheiben spröde und brüchig werden und letztlich reißen, was allerdings nicht selten weitgehend unbemerkt geschieht. Bedrohlich - und für den/die Patienten/in spürbar - wird die Lage erst, wenn im ungünstigen Falle das aus dem Bandscheibenring nach hinten in den Wirbelkanal eindringende Gewebe Nervenfasern quetscht. Dann nämlich gehen Nervenfunktionen verloren, und es kommt zu umschriebenen Schmerzen, Gefühlsstörungen oder gar Lähmungen.

Abhilfe:

Der Arzt hat seinerseits die Möglichkeit, aus Art und Lokalisation dieser Symptome auf die Lage des Bandscheibenvorfalles im Wirbelkanal zu schließen. Bandscheibenvorfälle können in der Hals- wie auch in der Lendenwirbelsäule auftreten, am häufigsten ist die Bandscheibe zwischen dem 5. Lendenwirbel und dem ehemals 1. Wirbel des Kreuzbeins (Sacrum) betroffen, man spricht von einem Bandscheibenvorfall L5/S1. Bei Bandscheibenvorfällen der Halswirbelsäule treten Symptome an Armen und Händen auf, bei Bandscheibenvorfällen der Lendenwirbelsäule im Bereich der Unterschenkel bzw. Füße. Moderne Untersuchungen (Computertomografie/CT, Magnetresonanztomografie/(„Kernspin")/NMR/MRT) geben endgültigen Aufschluss über Lage und Ausmaß der Schädigung.

Liegt eine deutliche Muskelschwäche oder gar eine Lähmung vor - und in der Regel nur dann! - ist eine Operation sinnvoll, da sie die Gefahr einer bleibenden Schädigung beseitigen kann. In diesen Fällen muss allerdings sofort gehandelt (d. h. operiert) werden. Innerhalb von Stunden bis wenigen Tagen sollte das ausgetretene Bandscheibengewebe entfernt werden, da ansonsten mit bleibenden Schäden zu rechnen ist.

Bei weniger schwerwiegenden Störungen, gerade auch bei chronischen Fällen, gilt auch im Zeitalter der Mikrochirurgie der Grundsatz, unnötige Risiken zu vermeiden. Und die sind bei einer Bandscheibenoperation

B

nicht unerheblich. Folgeprobleme können beispielsweise in einer operationsbedingten Instabilität des betroffenen Segmentes (und damit in vermehrten
Schmerzen), in Narbenbildungen und gelegentlich
auch in einer durch den operativen Eingriff ausgelösten Sensibilisierung des/r Patienten/in für das Krank-
heitsgeschehen - und dementsprechend in einer
schlechteren Prognose - bestehen. Außerdem - und das
ist besonders wichtig - wird durch die Operation aus einem schlechten Rücken natürlich kein guter Rücken.
Die Ursachen, die - oft über Jahre bestehend - zum Ver-
schleiß der Bandscheibe geführt haben, bestehen
weiterhin. Insofern ist die Operation nur die Beseitigung einer Folgeerscheinung (nämlich des defekten

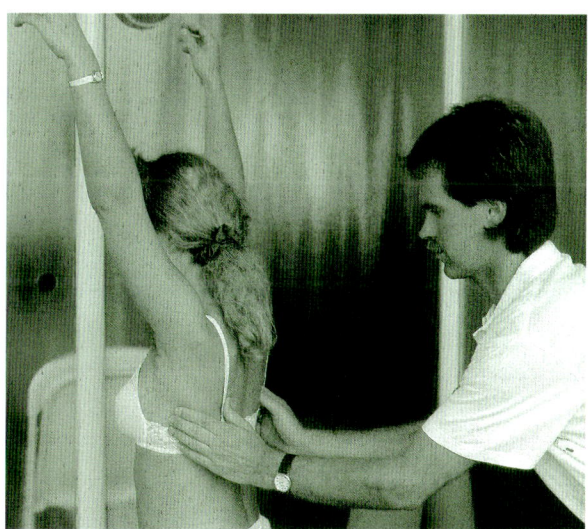

Bandscheibengewebes), nicht aber eine Therapie der Krankheitsursache. In den USA konnte in einer vielbeachteten wissenschaftlichen Studie nachgewiesen werden, dass die langfristigen Heilungschancen bei einem Bandscheibenvorfall vor allem dann besonders gut waren, wenn der/die Patient/in möglichst umgehend seine normale körperliche Tätigkeit wieder aufgenommen hatte. Hinter dieser Beobachtung verbergen sich sowohl körperliche als auch psychische Faktoren. Beiden Bereichen gemein ist die Notwendigkeit der Aktivität.

Körperliche Aktivität - vielen Menschen in der modernen Gesellschaft abhanden gekommen - schafft die funktionellen Voraussetzungen für rückengerechte Belastungen im Alltagsleben und ist insofern die eigentlich ursächliche Behandlung von Rückenproblemen. Insbesondere die Kraft und Dehnfähigkeit der Rumpfmuskulatur ist hier von entscheidender Bedeutung. Je länger der Krankheitsverlauf, desto größer der Verlust an eben diesen Eigenschaften. Und schnell setzt

Übung: Rückenstreckmuskulatur

In Bauchlage wird der Rumpf durch Aufsetzen der Stirn auf den Boden stabilisiert. Anheben je eines Armes und des gegenseitigen Beines im langsamen Wechsel, ohne die Position von Rumpf oder Kopf zu verändern.

10–25 Wiederholungen, langsame Ausführung, 1–3 Serien.

der Teufelskreis aus Schmerz, Muskelschwäche bzw. Muskelverhärtung und Fehlbelastung ein, an dessen Ende oft der chronische Schmerzpatient steht.

Chronologisch gesehen sind es fast immer zunächst muskuläre Beschwerden, die auf das Missverhältnis von Belastung und Belastbarkeit des Rückens aufmerksam machen. Die schwache und daher schnell überlastete Muskulatur verhärtet sich, es treten Reizerscheinungen an Muskel-, Sehnen- und Bandansätzen auf. Sehr häufig sind die Bereiche rechts und links der Wirbelsäule am Übergang zum Becken betroffen.

Bewegung stellt demnach ein probates Mittel gegen diese Probleme dar, aber Bewegung welcher Art? Im Rahmen von Rückenschulen wird der richtige Umgang mit dem eigenen Körper, vor allem mit dem Rumpf, vermittelt. Insofern handelt es sich vorwiegend um ein Koordinationstraining, mit dem Fehlbelastungen erkannt und ggf. verhindert werden sollen. Leider ist die Mehrzahl der Menschen aber nicht in der Lage, sich stets und ständig an die „Goldenen Regeln der Rückenschule" zu erinnern. Viele von uns sind dem Stress des Alltags so stark ausgesetzt, dass das rückengerechte Verhalten („Stehen Sie in jeder Stunde des Tages für 10 min auf und bewegen Sie sich!") zwar bekannt ist, aber nicht umgesetzt wird oder werden kann.

Wir brauchen also einen Schutz, der ständig vorhanden ist und nicht bewusst eingesetzt werden muss. Wie bereits erwähnt, ist die Rumpfmuskulatur quasi wie ein

Korsett in der Lage, den Rücken zu stützen und zu schützen - auch wenn wir nicht daran denken. Dies ist umso wichtiger, als die Menschen ständig größer werden und gleichzeitig an Muskelkraft einbüßen, somit also die wesentlichen Merkmale eines Rücken-Problemfalles aufweisen.

Wie geht's weiter?

Auf die Frage, ob ein bandscheibenoperierter Patient wieder sportlich aktiv sein darf, gibt es nur eine Antwort: ER MUSS! Auf jeden Fall gehört ein aufbauendes Krafttraining für die Rumpfmuskulatur dazu, um andere Sportarten (z. B. Joggen oder gar Marathonlaufen) vorzubereiten. Wann und in welchem Umfang das Ausdauertraining wieder betrieben werden kann, ist im Einzelfall zu entscheiden. Sind die nötigen Voraussetzungen (ggf. auch ansatzweise) erfüllt, spricht nichts dagegen. Laufen an sich ist keineswegs rückengefährdend, ganz im Gegenteil. Aber für beschwerdefreies Laufen ist die nötige Kraft von Becken- und Rumpfmuskulatur erforderlich, um den Rücken während des Laufens aktiv zu stabilisieren.

Konkret bedeutet das, dass Ausgleichstraining für den Rücken für viele Läufer genauso wichtig, ja wichtiger als manche Lauf-Trainingseinheit ist. Das kann in Form von Fitnesstraining an Geräten, mit der freien Hantel, durchaus aber auch mit einfachen Hilfsmitteln (Matte, Sitzball, Thera-Band) und dem eigenen Körpergewicht (oft reichlich vorhanden!) erfolgen. Gerade im Winterhalbjahr bietet es sich an, zwei- bis maximal dreimal pro Woche ein solches Training einzubauen - damit Sie nicht zu dem Drittel der Bevölkerung zählen, welches kürzlich bei einer Umfrage, ob man an chronischen Rückenschmerzen leide, mit ja antwortete.

B

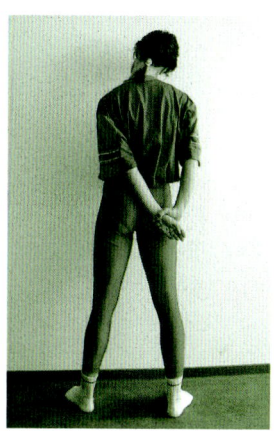

Dehnung der seitlichen Hals-Nacken-Muskulatur (inkl. M. trapezius)

Greifen Sie mit einer Hand das gegenseitige Handgelenk hinter dem Rücken und ziehen Sie den gestreckten Arm zur Mitte und darüber hinaus. Neigen Sie den Kopf zur gleichen Seite, so dass ein Spannungsgefühl im Bereich der seitlichen Hals-Nacken-Muskulatur entsteht.

Dehnung der vorderen Brustmuskulatur (M. pectoralis major)

Führen Sie den gestreckten Arm in Schulterhöhe aktiv nach hinten und stützen Sie ihn an einer Wand, Baum, Mast etc. ab. Drehen Sie jetzt den Oberkörper langsam zur Gegenseite, bis eine Spannung an der Vorderseite der betreffenden Schulter entsteht.

C – Compartmentsyndrom

Die Muskeln an Armen und Beinen werden durch derbe Fascienhüllen in sog. Logen zu Gruppen zusammengefasst. Diese Hüllen kann man sich als nicht dehnbare Strümpfe vorstellen, die u. a. für die äußere Form der Muskulatur verantwortlich sind. Am Unterschenkel gibt es beispielsweise 4 Compartments für

- die Wadenmuskulatur (Zwillingswaden- und Schollenmuskel),
- die tiefe (Zehen-)Beugemuskulatur,
- die sog. Peronealmuskulatur an der Unterschenkelaußenseite und
- die Schienbeinmuskulatur an der Unterschenkelvorderseite.

Ursache:

Kommt es zu einer Schwellung der Muskulatur (z.B. ausgelöst durch eine Prellung bzw. einen Tritt), nimmt der Druck innerhalb ihrer Loge zu, was eine Störung der Durchblutung nach sich ziehen kann. Schmerzen und Schwellung der Wade sowie Taubheitsgefühl im Fuß können erste Symptome sein.

Passiert dies kurzfristig innerhalb von Minuten bis Stunden, besteht die unmittelbare Gefahr, dass Muskelanteile aufgrund der Minderdurchblutung absterben. In einem solchen Falle kann die sofortige Entlastung der Muskulatur durch einen Fascienschnitt erforderlich werden. Im 5000-m-Finale der Europameisterschaften 1986 in Stuttgart wurde der Schweizer Markus Ryffel durch eine akutes Compartmentsyndrom zur Aufgabe gezwungen. Zum Glück konnte der Schweizer Mannschaftsarzt durch gezielte medikamentöse Behandlung eine Operation verhindern.

Ein chronisches Compartmentsyndrom äußert sich durch ständige, belastungsabhängige Schmerzen (z. B. regelmäßig an gleicher Stelle der Unterschenkelmuskulatur nach etwa derselben Dauer des Lauftrainings) und eine damit verbundene Verhärtung der Muskulatur. Zunächst sollten physiotherapeutische Behandlungsmethoden eingesetzt werden z. B. Unterwasser-

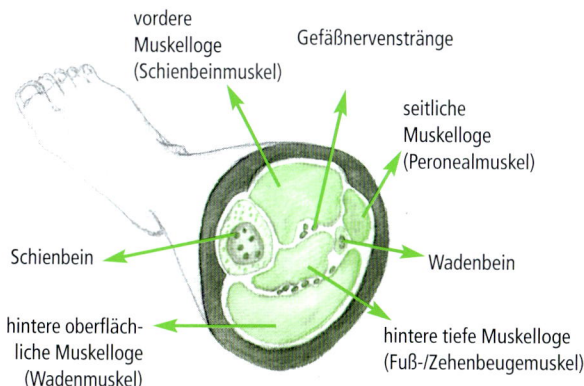

Die Muskellogen des Unterschenkels

vordere Muskelloge (Schienbeinmuskel)

Gefäßnervenstränge

seitliche Muskelloge (Peronealmuskel)

Schienbein

Wadenbein

hintere oberflächliche Muskelloge (Wadenmuskel)

hintere tiefe Muskelloge (Fuß-/Zehenbeugemuskel)

druckstrahlmassagen, Lymphdrainagen, aber auch Veränderungen im Trainingsprogramm (intensives Stretching, Kräftigung der betroffenen Muskelgruppe bzw. ihrer Gegenspieler). Diese Maßnahmen haben auch vorbeugende Wirkung. Auch Injektionen mit muskelentspannenden Medikamenten können lindernde bis heilende Wirkung haben. Dennoch kann auch bei chronischem Verlauf ein operativer Eingriff erforderlich werden, so geschehen bei den Weltklassemittelstreckenläufern Mary Decker-Slaney/USA, Dick Quax/NZL, John Walker/NZL.

Dehnung des Schollenmuskels (M. soleus)

Schrittstellung, hinteres Kniegelenk gebeugt. Schieben Sie den Po nach hinten und beugen Sie gleichzeitig das hintere Kniegelenk, bis Sie in der Achillessehne und der Wade einen Dehnungsreiz spüren.

D – Distorsion

Ursache:

Das obere Sprunggelenk ist ein Scharniergelenk, in dem die Auf- und Abbewegungen des Fußes (Fuß nach oben ziehen, Fuß nach unten strecken) um eine fest definierte Gelenkachse erfolgen. Die Bewegung wird vor allem durch den seitlichen Kapsel-Bandapparat gesichert, der unterhalb von Innen- und Außenknöchel verläuft. Die Distorsion des oberen Sprunggelenkes (Umknicken, Verstauchung) ist sicherlich eine der häufigsten Akutverletzungen bei Sporttreibenden.

Beim Laufen auf unebenem Untergrund (Waldboden, Trail Running), beim Tackling des Gegenspielers (Fußball) oder bei mangelnder Konzentration in vielen anderen, oft scheinbar ungefährlichen Situationen ist es schnell passiert: Der Fuß knickt nach außen im Sinne einer sog. Inversionsbewegung um. Darunter versteht man eine Bewegung des Fersenbeines im O-Bein-Sinne.

Normalerweise wird diese Bewegung durch den Kapsel-Bandapparat an der Außenseite des Sprunggelenkes gehemmt, während der Unterschenkelmuskulatur nur ein vergleichsweise geringer Anteil an der Stabilisierung des oberen Sprunggelenkes zukommt. Ist die Krafteinwirkung zu vehement, kann es zur Überdehnung oder gar zum Zerreißen der Bänder kommen.

Zuerst ist stets das Ligamentum talofibulare anterius (vorderes Sprungbein-Wadenbein-Band) betroffen, das den Außenknöchel nach schräg vorn unten mit dem Sprungbein verbindet. Danach kommt das Ligamentum calcaneofibulare (Fersenbein-Wadenbein-Band) an die Reihe, das von der Außenknöchelspitze senkrecht nach unten zum Fersenbein zieht. Als letzte Bastion dient das Ligamentum talofibulare posterius (hinteres Sprungbein-Wadenbein-Band), das hinter dem Außenknöchel in nahezu waagerechter Richtung verläuft.

Eine derartige Verletzung ist keine Bagatelle, auch wenn nach einigen Tagen die Schwellung zurückgehen

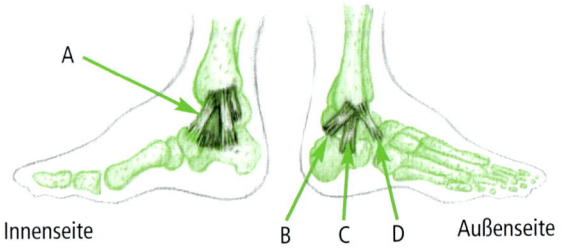

Die Seitenbänder des oberen Sprunggelenks

A

Innenseite   B   C   D   Außenseite

A   Ligamentum deltoideum
B   Ligamentum talofibulare posterius
C   Ligamentum calcaneofibulare
D   Ligamentum talofibulare anterius

mag und normales Gehen, ja sogar oftmals leichtes Joggen bald wieder möglich ist. Die Gefahr liegt in einer langfristigen Instabilität des Sprunggelenkes mit unangenehmen Folgen bis hin zur Arthrose (Gelenkverschleiß).

Behandlung:

Im akuten Falle sollte daher unmittelbar die **PECH**-Regel angewendet werden:

> **P** = Pause
> **E** = Eis/Kühlung
> **C** = Compression (Druckverband)
> **H** = Hochlagerung

Wenn sich ein Bluterguss zeigt, sollte umgehend durch eine Röntgenuntersuchung eine Fraktur (z. B. Abbruch der Innen- oder Abriss der Außenknöchelspitze) ausgeschlossen werden. Ist der Knochen heil geblieben, ist von Band(teil)rissen auszugehen.

In einem solchen Falle benötigt der Organismus ca. 6 Wochen bis zur stabilen Ausheilung der Verletzung. In dieser Phase sollte das obere Sprunggelenk nicht bewegt werden - wohl aber der Rest des Beines! Ein Gipsverband ist daher weniger sinnvoll. Statt dessen empfiehlt sich eine konsequente (Tag und Nacht!) Schienenbehandlung, wobei allerdings darauf zu achten ist, dass das obere Sprunggelenk konsequent (also auch der Mittelfuß!) ruhig gestellt ist. Denn schon leichte Beuge- und Streckbewegungen des Fußes (vermeintlich ohne Belastung der Seitenbänder) üben eine Zugbeanspruchung auf den verletzten Bandapparat aus und beeinträchtigen daher die Bildung einer straffen, belastbaren Narbe.

Eine operative Behandlung ist heute eher die Ausnahme und bringt in aller Regel keine, vor allem keine zeitlichen Vorteile gegenüber der Schienenbehandlung.

Dehnung des Zwillingswadenmuskels (M. gastrocnemius)

Schrittstellung, hinteres Kniegelenk gestreckt. Schieben Sie den Rumpf langsam nach vorn, bis sich die Ferse des hinteren Beines vom Boden lösen will. Der Dehnungsreiz macht sich knapp unterhalb der Kniekehle bemerkbar.

E – Ermüdungsbruch

Ursache:

Der menschliche Knochen bildet das Skelett, ein inneres Gerüst des Körpers. Er ist dabei erstaunlicherweise ein höchst aktives Gewebe. Unbemerkt finden ständige Umbauprozesse statt, die im Idealfall beim Erwachsenen ein Gleichgewicht aus ständigem Knochenabbau und -aufbau aufrechterhalten. Äußere Einflüsse können die Knochenmasse kräftigen (z. B. die natürliche Belastung durch das Körpergewicht beim Gehen, Stehen, Laufen) aber auch empfindlich schwächen (z. B. die Entlastung eines Beines nach Operation oder Unfall).

Die tragenden Strukturen des Knochens werden Trabekel genannt. Sie ordnen sich den mechanischen Belastungslinien entsprechend an. Insofern können ständig wiederkehrende Fehlbelastungen den geregelten Auf- und Abbau des Knochens stören. Treffen diese Fehlbelastungen (z. B. ausgelöst durch nicht passende/zu harte/zu weiche Laufschuhe, schlechten Laufstil, schlechtes Gelände u. s. w.) auf einen geschwächten Knochen, kann sich ein Ermüdungsbruch, auch als Stressfraktur bekannt, entwickeln. Die azyklischen, sich ständig ändernden Bewegungsabläufe bei Fußball oder Handball stellen eine geringere Gefährdung dar als z. B. das Langstreckenlaufen. Hier beansprucht der gleichförmige Bewegungsablauf den Knochen in immer derselben, stets wiederkehrenden Form. Ein nur geringgradiges Hinken, beispielsweise aufgrund einer Blase oder eines eingewachsenen Zehennagels, multipliziert sich bei einem ruhigen Lauf über 10 km auf fast 5000 Schrittzyklen. Bei einem Marathonlauf wären es schon über 20 000 Zyklen. So lässt sich verstehen, dass kleine Ursachen in ungünstigen Fällen große Wirkungen (z. B. einen Ermüdungsbruch) nach sich ziehen können.

Erstes und meist einziges Symptom für einen Ermüdungsbruch ist der Schmerz, der charakteristischerweise während des Laufens nicht nachlässt, anders als z. B. bei den häufigeren Überlastungsreaktionen wie Achillessehnenreizungen oder Patellaspitzensyndrom.

Diagnose:

Die Diagnose lässt sich aus der Anamnese (unerwartet auftretender, nicht beeinflussbarer Schmerz) und der körperlichen Untersuchung heraus vermuten. Gesichert wird sie durch eine Computer-Magnetresonanztomographie („Kernspin" MRT), oft auch erst durch eine Knochenszintigraphie. Bei dieser Untersuchung wird ein sehr schwach radioaktiv markiertes Isotop (Technetium 99) injiziert, welches sich sehr rasch im gesamten Knochensystem, besonders stark aber in Regionen erhöhten Umbaus anreichert und dort mit Hilfe eines Scanners bestimmt werden kann. Eine normale Röntgenuntersuchung bringt erst in Spätstadien einen positiven Befund.

Behandlung:

Die Behandlung eines Ermüdungsbruchs besteht darin, die auslösenden Belastungen zu vermeiden und die Widerstandsfähigkeit des Knochens zu erhöhen. Ein großes Programm also, welches auf den Patienten wartet. Oftmals ist es nicht minder schwer, die den Knochen (zer)störenden Faktoren zu erkennen, als sie anschließend durch geeignete Modifikationen im Trainings- und Wettkampfprogramm zu beseitigen. Eine Schlüsselrolle spielen oft: der Laufstil, die Muskelkraft, die Ernährung.

Abhilfe:

Je nach Lokalisation kann es ausreichen, das Training umzustellen (Aqua-Fit oder Radfahren statt Lauftraining) oder vorübergehend einzustellen.

In schwerwiegenden Fällen muss aber eventuell auch eine vollständige Entlastung, z. B. an Unterarmgehstützen, erfolgen. Nur sehr selten wird eine Gipsruhigstellung, eine Operation praktisch nie erforderlich.

F – Fußdeformitäten

Jeder Sportler weiß - oder sollte zumindest wissen - wie wichtig ihm seine Füße sind, ganz gleich, ob er nun Fußballer, Handballer, Läufer oder vielleicht Sportkegler ist oder eine andere Sportart unter Zuhilfenahme seiner Beine betreibt. Man stelle sich vor: Schon bei einem lockeren 10-km-Lauf werden die Füße jeweils ca. 4000 mal mit dem 2-3-fachen des Körpergewichtes belastet. Für einen durchschnittlich gewachsenen Mitteleuropäer von 75 kg bedeutet das insgesamt ca. 750 Tonnen pro Fuß!!

Ursache:

Unvorstellbar hoch muss die Regenerationsfähigkeit der Gewebe (Knochen, Bänder, Gelenkflächen) sein, unvorstellbar gut aber auch die Konstruktion der Füße. Diese zeichnet sich durch zwei etwa rechtwinklig zueinander stehende Gewölbe aus. Das Quergewölbe spannt sich zwischen Groß- und Kleinzehengrundgelenk und entlastet den vorderen Anteil des Fußes (Vorfuß), insbesondere die kleinen Mittelfuß-Zehengelenke. Das Längsgewölbe ist am Fußinnenrand besonders gut erkennbar und fängt die von oben - also durch den Unterschenkel - auf den hinteren Anteil des Fußes (Rückfuß) einwirkenden Kräfte ab, sorgt darüber hinaus aber auch für eine Verspannung des Fußes durch Muskeln und Sehnen, die ihn besonders belastungsfähig macht - z. B. im Zehenstand.

Die wichtigste tragende Struktur ist der sog. mediale (innere) Pfeiler des Fußes, der von der Großzehe, dem I. Mittelfußknochen, den Knochen der Fußwurzel (innere Keilbeine, Kahnbein, Sprungbein) und dem Schienbein gebildet wird. Wenn sich der Mensch auf die Fußspitze erhebt, dreht sich der Fuß spiralförmig um diesen inneren Pfeiler. Dabei lösen sich die kleinen Zehen (II bis V) vom Boden, die Ferse hingegen dreht sich nach innen, also gegenläufig. Diese sinnvolle, stabilisierende Drehung des Fußes wird Torsion genannt.

Verlieren die Gewölbe ihre Form und Spannung, nimmt die Belastbarkeit des Fußes ab. Die Torsion erfolgt nicht mehr, die Gelenkmechanik wird gestört. Auf Dauer führen Fußdeformitäten daher fast unweigerlich zu schmerzhaften Gelenkveränderungen (sog. Arthrose), durchaus verständlich angesichts der enormen Belastungen, die unser Fuß zu tragen hat.

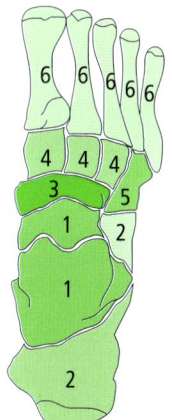

Fußskelett:

1 Sprungbein
2 Fersenbein
3 Kahnbein
4 I.–III. Keilbein
5 Würfelbein
6 I.–V. Mittelfußknochen

Typische Folgen eines Spreizfußes, also eines abgesunkenen Quergewölbes, sind der Hallux valgus (Abweichen der Großzehe nach außen, schmerzhafte Ballenbildung, Arthrose des Großzehengrundgelenkes) bzw. die Hammer- oder Krallenform der kleinen Zehen. Auch schmerzhafte Reizungen der Mittelfußköpfchen II, III und IV sind nicht selten. Gleichfalls sehr häufig ist der Senkfuß (Absinken des Längsgewölbes, Endstadium: Plattfuß), der oft in Verbindung mit dem Knickfuß auftritt (Abkippen des Fersenbeines im X-Bein-Sinne, wodurch sich der Innenknöchel nach innen schiebt). In diesem Falle ist vor allem der Rückfuß mit den Gelenken um das Sprungbein herum gefährdet. Gegenteilige Verhältnisse liegen beim Hohlfuß vor. Ein generell erhöhter Muskeltonus, bedingt durch die zentralnervöse Steuerung, verursacht ein hohes, starres, wenig flexibles Gewölbe.

Vorbeugung:

Vorbeugend müssen Gewölbeveränderungen möglichst frühzeitig verhindert werden, das beginnt bei den passenden Sportschuhen. Sie müssen lang genug und schmal genug sein und der Fußform möglichst ideal entsprechen. Fußballer beispielsweise neigen dazu, zu kurze (und damit besonders eng sitzende) Schuhe zu tragen, um das Ballgefühl zu verbessern. Blutunterlaufene Zehennägel können ein erster Hinweis sein. Umso wichtiger sind passende Schuhe in der restlichen Zeit des Tages und auch beim Ausgleichssport! Und auch Läufer sollten darauf achten, ihre Schuhe lang genug und schmal genug zu wählen.

Behandlung:

Wenn sich Gewölbeveränderungen bereits eingestellt haben, hilft in der Regel nur deren passive Korrektur mit Schuheinlagen - gerade auch im Sportschuh als Spezialanfertigung durch den Orthopädietechniker. Zusätzliche Fußgymnastik (z. B. Ein- und Auslaufen barfuß auf der Wiese, Greifübungen mit Handtuch und Bleistift, Fußkreisel, Barfußgehen am Strand, auf Kieselsteinen) verstärkt deren Wirkung.

Operationen an Füßen oder Zehen sind Sportlern nur im Ausnahmefall anzuraten. Die Heilungsphase nach Eingriffen am Knochen ist prinzipiell lang, zumal bei hoher mechanischer Beanspruchung der operierten Strukturen. Und in den meisten Fällen (z. B. Hallux valgus-OP, Zehenkorrektur) müssen auch nach einer Operation Abstriche an der Belastbarkeit des Fußes gemacht werden.

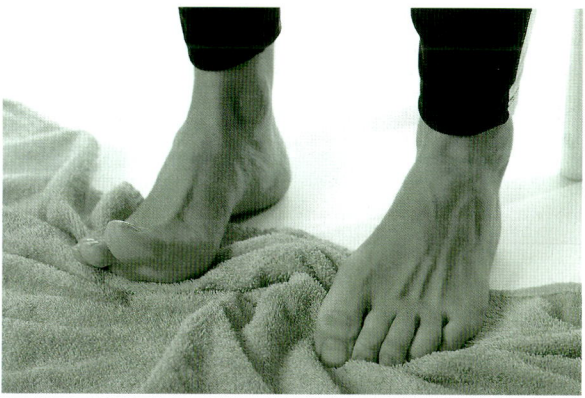

G – Gelenkverschleiß (Arthrose)

Ursache:

So traurig es klingen mag: Der Mensch hält nicht ewig. Unsere Organe sind für eine (un)gewisse Lebensdauer ausgelegt. Und auch im Falle der Gelenke ist ein Abnutzungsprozess unvermeidlich. Man geht davon aus, dass jeder Mensch jenseits des 30. Lebensjahres mindestens ein arthrotisch verändertes Gelenk aufweist. Neben Faktoren wie genetischer Veranlagung, Statik/Körperbau, Ausprägung der Muskulatur, Körpergewicht, Art der Ernährung und vielen weiteren ist der Umgang des Menschen mit seinen Gelenken, d. h. sein berufliches, ggf. sportliches Belastungsprofil, also die typischen, immer wieder auftretenden Bewegungsmuster, nach heutigem Wissensstand in wesentlichem Maße mitbestimmend für die Geschwindigkeit des altersbedingten Funktionsverlustes.

Arthrose kommt also auf uns alle zu, ist aber nicht - wie oft vermutet - stets gleichbedeutend mit Schmerzen! Im fortgeschrittenen Stadium wird eine Gelenkarthrose zwar zu Reizerscheinungen (Rötung, Schwellung - übrigens ein Paradox: abgenutzte Gelenke nehmen an Umfang zu!) und Funktionsverlust (Bewegungseinschränkung) führen. Eigentlich ist die Arthrose jedoch zunächst einmal ein natürlicher Prozess, bei dem der Organismus auf Art und Umfang der Belastungen reagiert, denen er ausgesetzt ist. An den Gelenken oft in Form knöcherner Anbauten, mit deren Hilfe die Gelenkfläche vergrößert und dadurch der auf das Gelenk einwirkende Druck vermindert wird. Also keineswegs eine krankhafte, sondern vielmehr eine sinnvolle, letztlich sogar gelenkschützende Maßnahme. Daher bemerken wir die meisten Arthrosen im frühen Stadium auch nicht. Wenn mit zunehmendem Alter das motorische Anforderungsprofil sinkt, die körperliche Aktivität also langsam nachlässt, bleiben leichte Einschränkungen der vollen Beweglichkeit einzelner Gelenke genauso verborgen wie auch der ständige, schleichende Verlust an Muskelkraft (der übrigens auch etwa mit dem 30. Lebensjahr einsetzt).

Selbstverständlich wird der natürliche Abnutzungsprozess durch die bereits erwähnten Umstände beeinflusst. Genauso wie sich zu wenig Bewegung schädigend auf Gelenke auswirkt (z. B. eine Gipsruhigstellung, regelmäßig mehrstündiges Sitzen), haben Mehr- und Fehlbelastungen nachteilige Folgen. Bei der Entstehung von Spätschäden nach intensivem Sporttreiben spielt allerdings in der Regel nicht die Dauer der Belastung die Hauptrolle, sondern es sind die kurzfristigen Belastungsspitzen, die vor allem bei den zahlreichen kleinen und nicht ganz so kleinen Unfällen auftreten. Geringste, oft bagatellisierte Fehlbelastungen (Beispiel Fußball: Verdrehen, stolpern, gefoult werden, umknicken, wegrutschen etc.) summieren sich und können ein Gelenk ruinieren.

Für den Ausdauersportler ist das eine sehr beruhigende Nachricht, denn Walking, Jogging, Radfahren,

Schwimmen führen bei normaler Statik und guter Bewegungstechnik nicht zur Arthrose. Im Gegenteil. Regelmäßige Bewegung fördert die Durchblutung und Ernährung der Gelenke und sorgt nicht zuletzt auch für eine Senkung der Viscosität der Gelenkflüssigkeit. Andererseits können sich grobe Fehler auch beim Ausdauersport nachteilig auswirken: erhebliche statische Auffälligkeiten (z. B. schweres O-/X-Bein), schlechter Bewegungsablauf (z. B. Laufstil), Instabilitäten (z. B. nach Bandverletzungen), überhöhtes Körpergewicht usw.

Vorbeugung:

Daher sind regelmäßiges Krafttraining (eine gute Muskulatur schützt die Gelenke wie eine Manschette), Stretching (zur Verbesserung der Beweglichkeit) und Koordinationsübungen/Techniktraining der beste Gelenkschutz. Der Mannschaftssportler hingegen muss neben diesen allgemein gültigen Vorkehrungsmaßnahmen vor allem versuchen, den vielen kleinen und größeren Verletzungen aus dem Wege zu gehen. Ich brauche an dieser Stelle sicherlich nicht zu betonen, dass dies ein schwieriges bis unmögliches Unterfangen ist. Zweifellos muss sich der Fußballer, Handballer, Footballspieler usw. darüber im Klaren sein, dass diese Sportarten ein erhöhtes Arthroserisiko aufweisen (siehe auch --> K - Knorpelschaden).

H – Herzmuskelentzündung
Herzerweiterung

Noch vor nicht allzu langer Zeit galt das sog. Sportherz als eine krankhafte Herzvergrößerung, gleichzusetzen mit einem schwer geschädigten Herzen.
Die Warnungen vor dem Sportherzen verunsicherten vor allem Ausdauersportler, die naturgemäß über die größten Herzen verfügen. Aber auch bei Spielsportlern wird es manchmal diagnostiziert. Wie kommt es dazu, ist es gefährlich?

Ursache:

Das Herz ist ein Muskel, der einen Hohlraum umschließt. Wie jeder Muskel reagiert auch die Herzmuskulatur auf Training mit Anpassungserscheinungen, unter anderem mit einer Querschnittsvergrößerung. Ausdauertraining verlangt erhöhte Pumpleistungen des Herzens über einen längeren Zeitraum; die Herzgröße bei Läufern, Schwimmern, Ruderern etc. ist daher vor allem abhängig vom Trainingsumfang. Der ist bei Radfahrern in der Regel am höchsten, da sie wegen der schonenden Bewegungsform über viele Stunden täglich auf dem Fahrrad trainieren können. Für Spielsportler hingegen ist die Herzgröße nicht der für ihre Leistungsfähigkeit entscheidende Faktor, doch finden sich auch bei langjährigen Fußballern, Handballern etc. vergrößerte Herzen.

Eine andere Situation liegt bei Herzfehlern (z. B. Herzklappenverengung mit erhöhtem Widerstand oder mangelhafter Schluss der Herzklappe mit daraus resultierendem fehlerhaften Blutrückstrom) oder auch in Verbindung mit einer Herzmuskelentzündung vor. Hier verbleibt nach der Anspannungsphase des Herzens eine nach und nach immer höhere Restblutmenge in der/den Kammer/n. Das Herz, genauer gesagt das Volumen der Herzkammern, wird auf diesem Wege nach und nach größer, die Herzwand jedoch immer dünner und die Muskelfasern immer weiter vorgedehnt, bis letztlich die Blutmenge in den Kammern nicht mehr bewältigt werden kann: Herzstillstand!

Das Herz des Sportlers hingegen unterscheidet sich ganz wesentlich vom kranken Herzen dadurch, dass die Herzkammergröße nur unwesentlich zunimmt, das nach der Anspannungsphase in der Herzkammer verbleibende Blutvolumen sogar abnimmt.

Größer wird nur der Herzmuskel, der dadurch über eine höhere Belastungsbreite verfügt und sowohl in Ruhe als auch bei Belastung mehr Blut pro Zeiteinheit (sog. Herzzeitvolumen) in den Körper- und den Lungenkreislauf pumpen kann. Sportlerherzen arbeiten daher ökonomischer als untrainierte Herzen. Das äußert sich in niedrigeren Pulswerten. Während das untrainierte Herz eine hohe Schlagzahl benötigt, um mehr Volumen auszuwerfen, kann das Sportherz vor allem in Ruhe und bei submaximalen Belastungsstufen Schläge einsparen. Bei einem um beispielsweise

15 Schläge niedrigeren Pulsniveau pro Minute sind dies knapp 8 Millionen Schläge pro Jahr!

Richtiges Verhalten:

Es kommt leider immer noch vor, dass bei aktiven Sportlern erst nach Jahren ein Herzfehler entdeckt wird. Vor regelmäßigem sportlichen Training ist deshalb eine sorgfältige ärztliche Untersuchung unerlässlich, und auch während der Trainingsphase gehört die ärztliche Betreuung zu den wesentlichsten Vorsichtsmaßnahmen. So sollten z. B. Infekte stets ernst genommen werden und (auf jeden Fall bei Fieber!) Anlass sein, das Training zu unterbrechen und einen eventuellen Wettkampf abzusagen, um der Gefahr einer Herzmuskelentzündung zu begegnen. Das gilt auch für den Breitensportler. Unerkannte, oft in Verbindung mit ei-

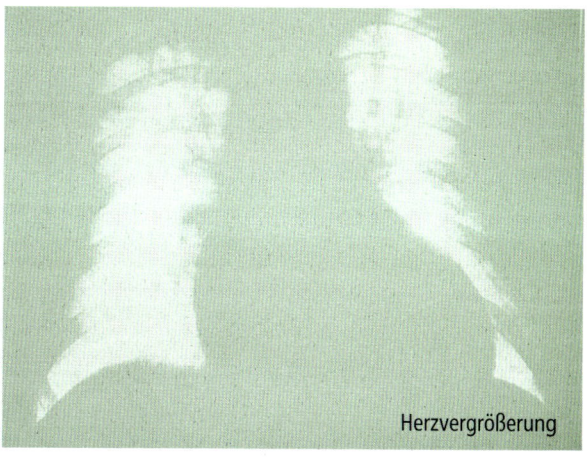

Herzvergrößerung

nem banalen Infekt aufgetretene Herzmuskelentzündungen sind vermutlich die häufigste Ursache für den plötzlichen Herztod beim Sport (z. B. bei einem Marathonlauf).

Nach seiner aktiven Karriere sollte der Sportler das Training nicht unvermittelt abbrechen, sondern ein niedrigeres Belastungsniveau (z. B. 3 mal/Woche leichtes Training) aufrechterhalten. Er sollte darauf achten, nicht massiv an Körpergewicht zuzunehmen. Es gibt Hinweise darauf, dass es gefährlicher ist, nach einem Lebensabschnitt umfangreichen Trainings abrupt aufzuhören, als nie sportlich aktiv gewesen zu sein. Andererseits haben Ausdauersportler und auch Spielsportler den Ergebnissen einer viel beachteten finnischen Studie zufolge auch in späteren Lebensjahren weniger schwere Krankheiten zu erwarten und können durchaus auf ein gesünderes und evtl. sogar längeres Leben hoffen.

elektronische Herzfrequenzmessung:
Anlegen des Brustgurtes

I – Insertionstendopathie
(Sehnenansatzreizung)

Jeder Muskel des menschlichen Körpers erstreckt sich zwischen seinen Aufhängungspunkten, zieht also von einem sog. Ursprung zum Ansatz. Je nachdem, welcher der beiden als Fixpunkt fungiert, kann sich der Ansatz in Richtung Ursprung (z. B. beim Beugen des Ellbogengelenkes durch Anspannen des Bizepsmuskels, wie es beim Anheben eines Gegenstandes geschieht) oder umgekehrt der Ursprung in Richtung Ansatz (wie etwa beim Klimmzug) bewegen. Auf beide Endpunkte wirken Kräfte, die um so höher sind, je größer sie sind und je schneller sie sich entwickeln. Besonders belastend wirkt die sog. exzentrische Form der Muskelanspannung, bei denen der Muskel passiv gedehnt wird und diese Dehnung abbremsen muss (z. B. das Absenken des Körpers beim Klimmzug). Ein Beispiel aus dem Fußball: Der Sprung zum Kopfball, also das Abspringen, ist eine konzentrische, das Aufkommen auf den Boden hingegen eine exzentrische Belastung.

Ursache:

Wesentliche Gründe für die Entstehung von Überlastungserscheinungen am Bewegungsapparat sind Größe, Richtung und Häufigkeit einer einwirkenden Kraft sowie weitere Faktoren, die unter dem Begriff „Koordination" zusammengefasst werden. Koordination steht für das harmonische Zusammenspiel der verschiedenen Elemente des Bewegungsapparates. Aufgrund guter Koordination bekommen Boris Becker und Pete Sampras trotz täglich vielstündigen Trainings keinen „Tennisellbogen", wohl aber der Hobby-Tennisspieler, der mit Freunden einmal pro Woche eine Stunde Doppel spielt. Gute Koordination beim Läufer beschränkt sich weitgehend auf einen ökonomischen und harmonischen Laufstil, beim Fußballer hingegen beinhaltet der Begriff eine Vielzahl von Eigenschaften, die sich in der möglichst optimalen Beherrschung von Körper, Ball und Spielfeld äußern. Koordination dient also gleichzeitig der Leistungssteigerung als auch der Verletzungsvorbeugung.

Die häufigsten Sehnenansatzreizungen finden sich bei Sportlern naturgemäß an Orten höchster mechanischer Beanspruchung, so z. B. beim Fußballer am Fersenbein (Achillessehnenansatz) oder am Schambein (Ursprung der Adduktoren an der Oberschenkelinnenseite bzw. Ansatz des geraden Bauchmuskels), beim Langstreckenläufer an der Kniescheibenspitze (Ursprung der Kniescheibensehne), beim Sprinter am Sitzbein (Ursprung Kniebeugemuskulatur auf der Oberschenkelrückseite). Gelegentlich bilden sich an diesen Orten sogar kleine knöcherne Erker oder Vorsprünge aus, die den erhöhten Muskelzug sichtbar machen (z. B. ein sog. hinterer Fersensporn am Fersenbein).

Abhilfe:

Um diesen oft langwierigen, schmerzhaften Veränderungen zu begegnen, sollte der Sportler erstens auf eine gute Koordination achten (Techniktraining!) und sich zweitens vor sog. neuromuskulären Dysbalancen (= Ungleichgewichten) hüten. Dazu ist regelmäßiges Stretching besonders starker, evtl. verkürzter Muskelgruppen genauso wichtig wie ein Kräftigungsprogramm ihrer eventuell abgeschwächten Gegenspieler.

Ein Beispiel: Bei Läufern häufig sind Beschwerden im Bereich der Kniescheibe, sehr oft lokalisiert an der Kniescheibenspitze, wo das kräftige Kniescheibenband (Ligamentum patellae) verankert ist (sog. Patellaspitzensyndrom). Durch regelmäßiges Dehnen der Kniestreckmuskulatur (Oberschenkelvorderseite) und gleichzeitiges Kräftigen der Oberschenkelrückseite (Kniebeugemuskulatur) können Schmerzen in diesem Bereich verhindert werden. Gleiches kann beim Läufer erreicht werden durch einen Laufstil, bei dem der Vortrieb nicht nur durch Abstoßen mit dem hinteren Bein sondern auch durch Ziehen mit dem jeweils vorderen Bein zu Stande kommt. Beim Radfahrer erfüllt diese Funktion der sog. „runde Tritt", bei dem das Hinabdrücken des vorderen Pedals durch gleichzeitiges Heraufziehen des hinteren unterstützt wird.

Dehnung der Kniestreckmuskulatur (M. quadriceps)

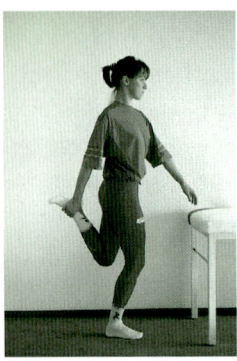

Im Einbeinstand (Standbein leicht gebeugt) schieben Sie das Becken nach vorn (d.h. Hüfte strecken) und beugen das Knie des Spielbeins so weit wie möglich. Dann ziehen Sie mit der Hand nach, so dass sich die Ferse dem Gesäß annähert. Den Dehnungsreiz spüren Sie auf der Oberschenkelvorderseite.

Dehnung der hinteren Oberschenkelmuskulatur

Heben Sie in Rückenlage ein Bein gestreckt langsam an, wenn möglich bis zur Senkrechten. Ziehen Sie zum Schluss mit beiden Händen noch leicht nach, um den Dehnungsreiz auf der Oberschenkelrückseite zu verstärken.

J – Jochbeinfraktur

Das Jochbein liegt in der oberen, seitlichen Region der Wange und begrenzt den äußeren Rand der Augenhöhle. Der Jochbogen springt als Wangenknochen deutlich vor, bestimmt damit maßgeblich die Gesichtsform und ist aufgrund seiner exponierten Lage verständlicherweise auch besonders verletzlich.

Ursache:

Bei direkten Gewalteinwirkungen auf das Gesicht sind Jochbeinverletzungen nicht selten. Im Boxsport sind sie an der Tagesordnung, dem Spielsportler droht Gefahr beim Zusammenprall mit dem Gegenspieler oder bei einem Sturz, dem Fußballer darüber hinaus vor allem beim Kopfballspiel. Der stürzende Radrennfahrer läuft Gefahr, sein Jochbein zu verletzen (neben dem Schlüsselbein). Die Vorbeugung dieser Unfallmechanismen ist verständlicherweise schwierig. Beispielsweise beinhaltet die häufige Aussage von Fußballtrainern, die Mannschaft habe „über den Kampf zum Spiel gefunden" ja geradezu die Aufforderung zur körperbetonten und damit auch verletzungsträchtigeren Spielweise.

Der häufigste Knochenbruch überhaupt betrifft den Unterarm in Handgelenksnähe (sog. distale Radiusfraktur). Aber auch Verletzungen anderer Gelenke

(Sprunggelenke, Kniescheibe, Schlüsselbein, Ellbogen, Schulter) sind nicht selten. Ohne Knautschzone stellt zum Beispiel ein mittleres Lauftempo von ca. 15 km/h (also 24 sec pro 100 m, ergibt eine Marathonzeit von ca. 2:47 Std.) schon ein beträchtliches Tempo dar. Ein flinker Stürmer erreicht aber problemlos 30 km/h (12 sec pro km), und ein Weltklassesprinter streift zumindest kurzfristig die 40 km/h-Grenze (der 200-m-Weltrekord entspricht mehr als 37 km/h). Bei einem Aufprall aus diesem Tempo auf ein festes Hindernis löst jeder PKW-Airbag aus!

Behandlung:

Insofern sind direkte Kollisionen des Gesichtsschädels unweigerlich mit Folgen verbunden, die von Prellungen (z. B. der Stirn), Blutergüssen („Blaues Auge") bis zum Knochenbruch, möglicherweise eben des Jochbeines reichen. Häufig sind auch Nasenbein, Oberkiefer und/oder Augenhöhle betroffen. Auch die aufgrund starker Beschleunigungen des Kopfes entstehenden Gehirnerschütterungen sind häufig und oft tückisch, da ihre Leitsymptome (Kopfschmerz, Übelkeit, Erbrechen, Schwindel) mit zeitlicher Verzögerung auftreten können. Wegen der Gefahr bleibender (Nerven-) Schädigungen muss bei jeder Kopfverletzung, insbesondere aber bei Verdacht auf einen Knochenbruch im Gesichtsbereich strengste Vorsicht walten (sofortige Lagerung des Verletzten, Transport nur liegend). Eine fachärztliche Versorgung (Chirurg) ist unumgänglich, gegebenenfalls müssen die Fragmente sogar mit einer

Metallplatte oder ähnlichem fixiert werden.
Der Sport (insbesondere z. B. das Kopfballspiel beim
Fußballer) muss danach natürlich für eine Weile aus-
fallen.

K – Knorpelschaden

Der Knorpelschaden stellt eine schwere, manchmal Karriere gefährdende Gelenkveränderung des Sportlers dar. Im Alltag der Fußball-Bundesliga gehören Knorpelschäden zu den häufigsten und gefährlichsten Verletzungen überhaupt. Prominente Opfer sind Matthias Sammer oder Karsten Bäron. Aber auch in anderen Sportarten droht der Verlust der Sportfähigkeit, wenn die Diagnose eines Knorpelschadens gestellt wird. Denn der Knorpelschaden ist in der Regel die Vorstufe zur Arthrose, dem weitgehenden Funktionsverlust des betroffenen Gelenkes.

Ursache:

Jedes Gelenk im menschlichen Körper ist ein extrem belastbares, gleichwohl höchst sensibles Bewegungssystem, das vor allem auf Störungen seiner dreidimensionalen Gelenkmechanik - im Kniegelenk z. B. einer komplizierten Kombination von Roll- und Gleit-Bewegungen - empfindlich reagiert. Diese Störung entsteht am häufigsten durch einen Unfall, z. B. eine vordere Kreuzbandverletzung des Kniegelenkes, oftmals aber auch nur durch eine vermeintliche Bagatelle (Zusammenprall, Umknicken, Foul etc.). Nicht selten liegt die Ursache - gerade bei Ausdauersportarten - aber auch in wiederholten Fehlbelastungen, die auf Beinachsenabweichungen (O- oder X-Bein) oder Beinlängendifferenzen, Übergewicht, muskuläre Verkürzungen oder Abschwächungen oder auch nur eine schlechte Bewegungstechnik zurückzuführen sein können. Dementsprechend haben Dauerbelastungen (Laufen, Skilanglauf, Radfahren) nach heutigen Erkenntnissen keine nachhaltigen Schäden der Gelenkoberflächen zur Folge, wenn Statik, Bewegungsmechanik und Trainingsmethodik in Ordnung sind. Also nicht der Umfang, wohl aber die Art der Ausführung einer Ausdauerbelastung können zur Arthrose führen.

Bei gestörten Bewegungsverhältnissen weist die ehedem ideal glatte, spiegelnde Knorpeloberfläche zunächst Erweichungen (Stadium I) oder leichte Rauigkeiten (Stadium II) auf, die im weiteren Verlauf tiefer in die Knorpelsubstanz hineinreichen (Stadium III), zuletzt sogar den darunter liegenden Knochen freilegen (Stadium IV) können.

Als Reaktion auf die Fehlbelastung passt sich auch der Knochen der neuen Situation an. Sehr oft lassen sich durch Randwülste verbreiterte Gelenkflächen erkennen. Sie haben zur Folge, dass sich der auf die Gelenkflächen einwirkende Druck vermindert (Druck = Kraft : Fläche). Diese natürliche und an sich sinnvolle Reaktion kann allerdings eine zunehmende Bewegungseinschränkung des Gelenkes verursachen, so dass sich daraus Ausweichbewegungen und neue Fehlbelastungen ergeben, auf Dauer sogar neue Knorpelschäden in anderen Gelenken entwickeln können. Der Organismus reagiert stets als Ganzes auf ein Störfeld.

Abhilfe:

Der Gelenkknorpel ist ein zellarmes, nicht durchblutetes Gewebe. Veränderungen - ob in positiver oder negativer Richtung - treten langsam ein. Ob eine echte Knorpelregeneration, also ein Wiederaufbau von Knorpelsubstanz möglich ist, ist unter Wissenschaftlern noch sehr umstritten. Leichtere Knorpelveränderungen können sich zu einem gewissen Grade bessern, zumindest kann eine Glättung der Oberfläche eintreten. Voraussetzung dafür ist eine möglichst vollständige Normalisierung der Gelenkmechanik, also z. B. der Koordination/Feinmotorik, des muskulären Zusammenspiels (Kraft, Beweglichkeit), der Spannung des Bandapparates etc.. Insofern sind frühzeitige, intensive Rehabilitationsmaßnahmen nach (Sport-)Unfällen sehr wichtig, um Spätschäden zu verhindern. Dasselbe gilt natürlich auch vorbeugend. Gelenke ermöglichen Bewegung, und optimale Bewegung stellt die Funktion der Gelenke sicher. Ob Medikamente (z. B. Gelatinepräparate, Chondroitinsulfat, Vitamin E) eine vorbeugende bzw. heilende Wirkung auf geschädigten Gelenkknorpel entfalten können, ist nicht eindeutig belegt. Den nicht sehr überzeugenden Versuchen einer wissenschaftlich einwandfreien Beweisführung stehen viele positive Berichte von Betroffenen gegenüber.

L – Lumbalgie

Ursache:

Lumbalgie bedeutet „Lendenschmerz" und ist eine von zahllosen Bezeichnungen für ein Problem, welches heutzutage fast jeden Menschen früher oder später einmal ereilt: den Rückenschmerz. Oft wird argumentiert, dass die Rückenschmerzen quasi ein Opfer seien, welches wir für den aufrechten Gang zu entrichten hätten. Falsch: Sie sind ein Opfer für unseren bewegungsarmen Lebensstil, man könnte auch vereinfachend formulieren: fürs Sitzen. Sitzen macht schlapp (z. B. die Rumpfmuskulatur), Sitzen macht fett, Sitzen führt zu hohen Belastungen der unteren Lendenwirbelsäule (viel höher als z. B. Gehen). Wenn man analysiert, wie lange der „moderne" Mensch üblicherweise sitzt, versteht man leicht, warum fast jeder das „Kreuz mit dem Kreuz" kennt.

Aber Sportler, die bewegen sich doch, rennen, springen, fahren Rad, heißt es dann, die dürften doch solche Beschwerden gar nicht kennen. Leider sind Sportler ja auch nur ganz normale Menschen mit Arbeitsplätzen, an denen sie stundenlang sitzen müssen, mit Autos, in denen sie fahren müssen, mit Sitzungen, mit Partys in tiefen Sofas, mit Fernsehsesseln zur Entspannung nach dem Training. Außerdem beinhalten viele beliebte Sportarten wie Jogging, Mountain Biking, Schwimmen eben „nur" Ausdauertraining, d. h. Organtraining für Herz-Kreislauf und Stoffwechsel. Aber leider ist mit vielen Sportarten kein spezielles Rücken-Muskeltraining, kein spezielles Stretching für die Beckenmuskeln, keine Haltungsschule für den Alltag verbunden. Jogging trotz gelegentlicher Rückenbeschwerden: in vielen Fällen ja! Jogging gegen die Rückenschmerzen? Das allein wird's nicht richten.

Abhilfe:

Aber das Jogging kann - quasi als erster Schritt eines Weges, der zur vollständigen Sportfähigkeit führt - in den Gesamtprozess „Sportler gegen Rückenschmerzen" integriert werden. Das beginnt mit dem richtigen Laufstil. Ein kleiner Versuch: Stellen Sie sich barfuß auf die Fersen (Fußspitzen anheben). Automatisch schiebt sich der Po nach hinten, es entsteht ein Rundrücken im Bereich der Lendenwirbelsäule (den es zu verhindern gilt), die Brust klappt förmlich zusammen. Verlagern Sie jetzt das Gewicht auf die Fußspitzen: das Becken kippt nach vorn, das natürliche Hohlkreuz kommt wieder zum Vorschein, die Brust hebt sich. Laufen Sie barfuß auf der Stelle, und der Rumpf behält dieselbe Position.

Genauso sollten Sie als Rückenpatient auch im Freien laufen. Mit dem Vorfuß den Schritt weich abfangen (natürliche Dämpfung!), gleichzeitig auf die richtige Rumpfhaltung achten.

Aber, wie gesagt, das allein wird nicht ausreichen, Rückenschmerzen zu beseitigen. Erarbeiten Sie zusätzlich ein individuelles Rückenprogramm mit Ihrem Physiotherapeuten und führen Sie es 3 mal wöchentlich durch. Und merken Sie sich: Lieber Liegen* und Laufen* als Sitzen und Stehen!

(* macht ja auch viel mehr Spaß!!)

Dehnung der Rückenstreckmuskulatur

Formen Sie ein „Päckchen", indem Sie sich auf den Boden knien, den Oberkörper auf die Oberschenkel legen und den Rücken gaaaaaanz rund machen. Das Kinn wird zur Brust gezogen. Aktivieren Sie die Brust- und Bauchmuskulatur und atmen Sie dabei aus.

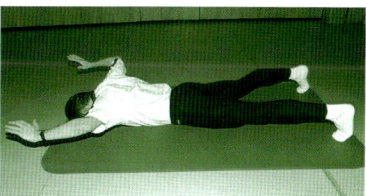

Stärkung der Rückenstreckmuskulatur

In Bauchlage wird der Rumpf durch Aufsetzen der Stirn auf den Boden stabilisiert. Anheben beider Arme, ohne die Position von Kopf oder Rumpf zu verändern. Die Unterarme werden in horizontaler Haltung nach vorn und hinten parallel zum Boden bewegt. 10–25 Wiederholungen, langsame Ausführung, 1–3 Serien

M – Meniskusverletzungen

Ursache:

Die Menisken sind 2 unscheinbare, gleichwohl höchst bedeutsame, C-förmige Gebilde im Kniegelenk. Der innere (mediale) Meniskus ist größer und weniger beweglich, der äußere (laterale) stärker gekrümmt, kleiner, beweglicher. Ihre Konsistenz entspricht der eines modernen Radiergummis, ihre Oberfläche ist glatt, eine feingewebliche Oberflächenstruktur lässt sich bei gesunden Menisken mit bloßem Auge nicht ausmachen.

Die Funktion der Menisken erklärt sich aus der Form des Kniegelenkes: Auf einer weitgehend planen Unterlage (Schienbeinkopf) bewegt sich der Oberschenkel mit innerer und äußerer Oberschenkelrolle in allen Richtungen. Dabei werden die Menisken auf dem Schienbeinkopf verlagert und Zugbeanspruchungen ausgesetzt. Die Hauptbewegungsrichtung ist das Beugen und Strecken des Kniegelenkes, wobei der Oberauf dem Unterschenkel eine komplizierte, aus Rollen und Gleiten kombinierte Bewegung ausführt.

Die Menisken vergrößern durch ihre nachgiebige Beschaffenheit die Fläche, die den Druck zwischen Ober- und Unterschenkel auffängt. Ein Vergleich: Stellen Sie sich eine Eisenkugel vor, die über eine Gymnastikmatte rollt. Das entspricht der Situation im Kniegelenk mit Meniskus. Wenn Sie die Matte entfernen und die Kugel über blanken Beton rollen lassen, gleicht das den Druckverhältnissen in einem Kniegelenk nach Meniskusentfernung.

Im Laufe der Belastungen, denen das Knie im Leben eines Menschen ausgesetzt ist, altern die Menisken. Sie verlieren ihre Elastizität, werden spröder und verletzungsanfälliger. So kann es, gerade bei älteren Menschen, schon bei Bagatellbewegungen (leichtes Wegknicken, Stolpern, Verdrehen des Kniegelenkes) zu Meniskusrissen kommen. Zu 95 % ist dabei der Innenmeniskus betroffen. Vor allem aber sind es die häufigen, bei Spielsportarten oft mehr oder weniger unbemerkt auftretenden Mikroverletzungen (Umknicken, Pressschlag, Kollision mit dem Gegner, Tackling, gefoult werden, den Ball nicht richtig treffen), wie sie bei Fußball, Handball, Basketball usw. an der Tagesordnung sind, die die Lebensdauer eines Meniskus erheblich reduzieren können.

M

Auch Beinachsenfehlstellungen (starkes O- oder X-Bein), Instabilitäten der Kreuz- und/oder Seitenbänder etc. können aufgrund der damit verbundenen ständigen Fehlbelastungen die Meniskusalterung beschleunigen.

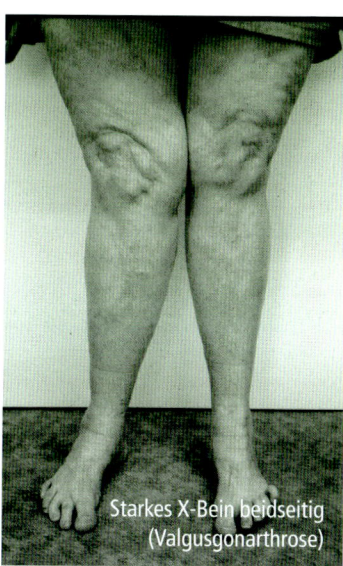

Starkes X-Bein beidseitig (Valgusgonarthrose)

Therapie:

Früher wurden verletzte Menisken „großzügig" entfernt. Kurzfristig führte das zur Schmerzfreiheit, war langfristig jedoch mit erheblichen Nachteilen für den/die Patient/in verbunden (s. o.). Heute ist man zurückhaltender und knabbert auf arthroskopischem Wege (sog. „Kniespiegelung") nur so wenig Meniskusgewebe ab wie irgend möglich. In günstigen Fällen ist sogar eine Meniskusnaht möglich. Eine solche Naht hat umso bessere Aussichten auf Erfolg, je jünger der/die Patient/in ist und je näher sich der Riss an der Gelenkkapsel, also der äußeren Aufhängung des Meniskus befindet. Der Ersatz zerfetzter Menisken durch Kunststoffmaterial hat sich bislang nicht als Erfolg versprechend erwiesen.

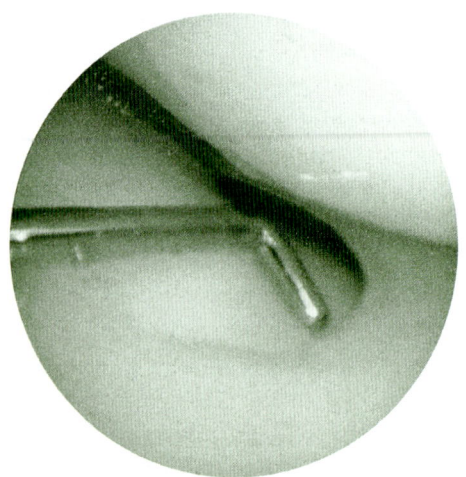

Innenmeniskusprüfung mit Tasthaken
während arthroskopischer Operation

N – Nagelverletzungen

Ursache:

Blutunterlaufene Nägel wurden (werden?) nicht selten als Trophäe für erfolgreiche, „eisenharte" Läufe in Training oder Wettkampf betrachtet: Der Läufer als schmerzunempfindliche(r) Held (Heldin). Nichts kann ihn stoppen, nicht einmal der gequälte eigene Körper. Ähnliche Tendenzen soll es auch unter Fußballern geben, allerdings mit etwas anderem Hintergrund. Soooo eng muss der Fußballschuh sitzen, dass nichts, nicht einmal ein Millimeterchen Platz zwischen Zehennagel und Schuhspitze das Ballgefühl stören kann.

In Wirklichkeit sind derartige Nagelverletzungen ein Zeichen für schlecht passendes Schuhwerk, meist zu kurze Schuhe. Die Länge der Laufschuhe ist für den Läufer/die Läuferin sicherlich der wichtigste, allerdings nicht der allein entscheidende Faktor, wenn es darum geht, die Zehen vor übermäßigem Druck zu schützen und Blutergüssen unter den Zehennägeln vorzubeugen. Es kommt auch darauf an, den „Sicherheitsabstand" vor den Zehen unter allen Umständen zu gewährleisten. Vor allem bei Bergabstrecken besteht die Gefahr, dass der Fuß im Schuh nach vorn rutscht und die Zehen gegen die Schuhspitze gedrückt werden. Um dies zu verhindern, muss der Schuh möglichst eng sitzen. Und zwar nicht vorn in der Zehenbox, sondern am sog. Sattel, wo die Schnürung des Schuhes verankert ist. Hier so eng wie möglich, vorn an den Zehen hin-

gegen sollte ein guter Laufschuh hoch und weit ge-
schnitten sein. Gegebenenfalls kann auch eine entsprechend geformte Schuheinlage helfen, den Fuß
noch besser im Schuh zu fixieren.

Zu guter Letzt sollte auch auf die Form des Schuhes im
Zehenbereich geachtet werden. Bei besonders langen
Großzehen (sog. ägyptischer Fußtyp) sollte der Laufschuh der anatomischen Fußform weitgehend entsprechen.

Behandlung:

Der entstandene Bluterguss unter dem Zehennagel
sollte vom Arzt entfernt werden. Ansonsten besteht
die Gefahr einer Superinfektion, z. B. mit einem Nagel-
pilz. Zunächst wird sorgfältig desinfiziert, dann der Nagel mit einer Kanüle o. ä. durchbohrt und das darunter
liegende Blut ausgedrückt. Der Nagel darf nicht entfernt werden, da er quasi als Platzhalter für seinen
nachwachsenden Nachfolger dient. Zur Not kann der
Nagel mit einem Pflasterstreifen (Tape) fixiert werden.

Gefährlicher als der oft unkomplizierte Bluterguss ist
das sog. Panaritium, die Nagelbettentzündung. Ursache ist meist eine unbemerkte Bagatellverletzung,
durch die Keime in die Tiefe verschleppt werden können (z. B. falsche Pediküre, bei der die Nägel an den Sei-
ten zu weit abgeschnitten werden).

Die Besonderheit an Zehen (und Fingern) besteht darin, dass durch deren derbe Haut der normale Eiterabfluss nach außen verhindert wird, die Keime sich also einen Weg in die Tiefe entlang der Sehnen, ggf. sogar bis auf den Knochen bahnen können. Bei Rötung, Schwellung, klopfendem Schmerz sollte daher unbedingt ein Arzt aufgesucht werden. Die Behandlung besteht in klassischem chirurgischen Vorgehen: Eröffnung (und Offenhalten) des Eiterherdes, zusätzlich desinfizierende Bäder, Antibiotika. Eine längere Trainings- und Wettkampfpause ist in einem solchen Falle unumgänglich.

Vorbeugung:

Sinnvoller, wie immer im Leben, ist natürlich die Vorbeugung. In diesem Falle bedeutet das, die Zehennägel nicht zu kurz und vor allem an den Rändern nicht zu tief abzuschneiden. Socken sollten möglichst oft gewechselt werden. Und die regelmäßige Säuberung der Nägel und Nagelfalze versteht sich eigentlich von selbst, damit Sie auch morgen noch kräftig - zutreten können.

Aqua-Fit

Aqua-Fit ist eine moderne, erfolgreiche Sportart für alle, die sich bewegen wollen, und für viele, die es ansonsten nicht können. Aqua-Fit nutzt den Auftrieb des Wassers, um den Körper zu entlasten, die Muskulatur zu lockern und Schmerzen zu vermindern. Eine stabile Wasserposition wird auch dem Ungeübten und Nichtschwimmer dadurch ermöglicht, dass eine Weste getragen wird, die Schultergürtel und Kopf stets oberhalb der Wasserlinie hält. Arm- und Beinbewegungen gegen den Wasserwiderstand führen zu einem hohen Trainingseffekt. Auch der Untrainierte spürt schnell die kräftigende Wirkung, aber keinen Muskelkater. Denn der wird durch Bremsbewegungen (z. B. Treppabgehen, Berg(ab)wandern, Laufen etc.) verursacht, die es beim Aqua-Fit nicht gibt.

Zusätzlich wirkt der äußere Wasserdruck, z.B. auf die Beinvenen, und hat - einer natürlichen Lymphdrainage vergleichbar - einen verbesserten Blutrückstrom zum Herzen zur Folge. Herzfrequenz und Blutdruck sinken im nicht zu kalten Wasser leicht ab, die Flüssigkeitsausscheidung über die Nieren wird aktiviert.

Aqua-Fit eignet sich fürs Ausdauertraining wie auch für Übungen zur Verbesserung von Kraft und Beweglichkeit, für Anfänger und Fortgeschrittene, für Spitzenathleten und Sportmuffel.

Eigentlich ideal, oder?

O – O-Bein-Arthrose (Varusgonarthrose)

Ursache:

Im Laufe eines (hoffentlich langen) Sportlerlebens müssen die Beine vieles (er)tragen, zunächst und vor allem einmal das Gewicht des Sportlers. Allein während eines Fußballspiels werden Knie- und Sprunggelenke mit insgesamt mehreren 100 Tonnen belastet - rechts und links! Solange die Statik und der Laufstil stimmen, ist das kein gravierendes Problem. Wenn aber Auffälligkeiten vorliegen, z.B. eine Beinachsenabweichung im Sinne von „O" oder „X", kann regelmäßiges sportliches Training dafür verantwortlich sein, dass die Belastungsgrenze der Gelenke überschritten wird.

Das alte Problem von Huhn und Ei (wer war zuerst da?) stellt sich beim Fußballer in Bezug auf die O-Beine sehr augenfällig. Kommt der Fußballer bereits mit O-Beinen auf die Welt oder erwirbt er sie sich im Laufe einer langen Karriere? Jedenfalls scheint er sie zu brauchen, zumindest für „Bananenflanken" - und, um vom Gegenspieler getunnelt (fußballerischer Fachausdruck für: den Ball

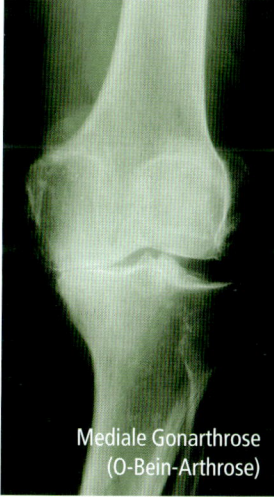

Mediale Gonarthrose
(O-Bein-Arthrose)

zwischen den Beinen des Gegenspielers hindurch spielen) zu werden?!

Rein physikalisch ist Druck gleich Kraft pro Fläche. Verringert sich im Kniegelenk durch ein starkes O-Bein die Auflagefläche beispielsweise auf die Hälfte, steigt der Druck auf das Doppelte an. Dann ist es - einfache Rechnung - die doppelte Last, die pro Spiel, aber auch bei jedem Schritt im täglichen Leben auf das Gelenk zukommt. Auf diesem Wege können sog. degenerative Veränderungen der Menisken (halbmondförmige Puffer aus elastischem Knorpelmaterial), der Gelenkoberflächen als auch der darunter liegenden Knochenschichten provoziert werden. Die Diagnose des Arztes lautet dann irgendwann: Arthrose (Gelenkverschleiß)!

Abhilfe:

Was ist in einem solchen Falle zu tun? Das abrupte Abbrechen jeglicher Form körperlicher Aktivität ist sicherlich nicht die richtige Konsequenz. „Wer rastet, rostet" hat in Bezug auf Gelenkprobleme eine ganz besondere Bedeutung. Bewegung ist lebenswichtig und funktionserhaltend für jedes Gelenk. Und schließlich haben sich auch Kreislauf und Stoffwechsel an die Bewegung gewöhnt. Aber auf eine Verminderung der Belastung sollte man schon achten. Also dem Fußball - insbesondere den Punktspielen mit heftigen Belastungen, Richtungswechseln, Fouls, Gegnerkontakt usw. - langsam aber sicher adieu sagen und auf eine gelenkschonende Alternativsportart zurückgreifen, z. B. Radfahren,

Kraulschwimmen, InLine Skating, durchaus auch Fitnesstraining im Sportstudio. Denn bei Gelenkschäden gleich welcher Art sollte die gelenknahe Muskulatur regelmäßig gekräftigt und gedehnt werden, um auf eine funktionsfähige körpereigene Gelenkmanschette vertrauen zu können.

Auch der Läufer muss sich zähmen. Er sollte die langen Strecken konsequent meiden und lieber kurz und nicht zu häufig trainieren. Der „Gesundheitssportler-Triathlon" (einmal pro Woche laufen, einmal Rad fahren, einmal schwimmen) stellt oft einen tragfähigen Kompromiss dar. Zusätzlich können Schuhzurichtungen entlastend wirken: Weiche Sohlenmaterialien, beim O-Bein kann zusätzlich der Schuhaußenrand leicht erhöht werden.

Dehnung der Adduktoren

Die schlanke Muskulatur an der Innenseite der Oberschenkel lässt sich im Grätschstand dehnen. Das Kniegelenk auf der zu dehnenden Seite wird gestreckt, das gegenseitige gebeugt. Neigen Sie den Oberkörper zum gestreckten Kniegelenk hin, bis Sie ein Ziehen an der Innenseite des Oberschenkels spüren.

P –   Patellaspitzensyndrom
(Schmerzen an der Kniescheibenspitze)

Ursache:

Die Kniescheibe (Patella) dient zur Druckverteilung der Kraft, die der große, vierköpfige Oberschenkelstreckmuskel (M. quadriceps femoris) auf das Kniegelenk ausübt. Da die Kniescheibe regelrecht in die Sehne eingelassen ist, spricht man oberhalb der Kniescheibe von der Quadricepssehne, unterhalb von der Patellarsehne. Letztere entspringt am unteren Kniescheibenpol, dort, wo die Patella in einer Spitze ausläuft. Das Anspannen des M. quadriceps führt an dieser Stelle zu sehr hohen punktuellen Belastungen, insbesondere bei plötzlich auftretendem Muskelzug - z. B. beim Treppensteigen, beim schnellen Antritt oder Richtungswechsel (Tennis, Badminton) oder auch beim (Tor-)Schuss des Fußballers. Gerade bei Fußballspielern ist daher diese Verletzung nicht selten. Typisch ist der zunehmende Schmerz bei Anspannung der Oberschenkelstreckmuskulatur gegen einen Widerstand, z. B. beim Treppabgehen, aber auch bei längerem Sitzen mit gebeugten Kniegelenken wie beispielsweise im Auto.

Bei genauer Untersuchung finden sich oftmals typische muskuläre Befunde. Meist sind es ein verkürzter Kniestreckmuskel und eine abgeschwächte Kniebeugemuskulatur, die zur dauerhaft erhöhten Druckbelastung der Kniescheibe führen und auch ein Patellaspitzensyndrom verursachen können.

Die Gegenmaßnahmen sind vergleichsweise simpel: Durch Dehnung (Stretching) der Oberschenkelstreckmuskulatur und Kräftigung der Beugemuskulatur auf der Oberschenkelrückseite kann das gestörte Gleichgewicht der kniegelenksnahen Muskulatur wiederhergestellt werden. Das Krafttraining sollte ca. 3 mal wöchentlich durchgeführt werden, z. B. in Form der sog. „hinteren Brücke". Zwei bis drei Serien mit 20 bis 30 Wiederholungen stellen für viele Sportler eine effektive Dosierung dar. Die Dehnung der Kniestreckmuskulatur (im Stand, besser noch in Bauchlage) hingegen lässt sich täglich mehrmals absolvieren. Zusätzlich können lokale reizmindernde Maßnahmen ergriffen werden (Ultraschall, Eismassage, Salbenverbände der Patellaspitze etc.), die aber in der Regel keine heilende, sondern nur eine vorübergehend symptommindernde Wirkung haben. Ein weiteres, bewährtes Hilfsmittel ist der Patellarsehnen-Tapeverband, durch den ebenfalls eine Kniescheibenentlastung erzielt werden kann.

P

Dehnung der Kniestreckmuskulatur

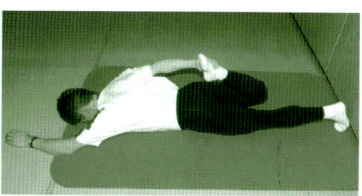 Der große vierköpfige Kniestreckmuskel lässt sich gut in Bauchlage dehnen. Legen Sie sich flach auf den Boden und drücken Sie das Becken nach unten. Beugen Sie ein Kniegelenk so weit wie möglich, dann ziehen Sie die Ferse langsam in Richtung Gesäß. Das Becken sollte weiterhin am Boden fixiert bleiben.

Q – Quergewölbebeschwerden des Fußes

Der menschliche Fuß ist eine als einmalig zu bezeichnende Konstruktion, die die für die spezifischen Anforderungen des aufrechten Ganges genau richtige Mischung aus Stabilität und Beweglichkeit, Tastempfinden und Robustheit aufweist. Vor allem ist der Fuß in der Lage, hohe Belastungen über lange Zeit (viele Jahrzehnte) und riesige Strecken (Hunderttausende von Kilometern) weitgehend unbeschadet zu verkraften. Eine wesentliche Rolle dabei spielen die Fußgewölbe, bei denen sich ein Längs- und ein Quergewölbe unterscheiden lassen. Während ersteres vor allem die Belastungen beim Auftreffen des Fußes auf den Boden und im Stand abfängt, dient das Quergewölbe zur Druckentlastung der Mittelfuß- und Zehengelenke vorwiegend beim Abdrücken des Fußes.

Die Hauptbelastung ruht dabei auf dem Großzehengrundgelenk, in geringerem Maße auch dem Kleinzehengrundgelenk. Zwischen ihnen spannt sich das Quergewölbe, gesichert durch Bandapparat und Muskulatur des Vorfußes.

Ursache:

Ein Absinken des Quergewölbes wird als Spreizfuß bezeichnet. Dabei kommt es zur Mehrbelastung der Mittelfußköpfchen II bis IV, was erhebliche Schmerzen verursachen kann, aber auch zum Auseinanderweichen des gesamten Vorfußes. Die veränderte Statik führt langfristig zu Verkürzungen der Zehenbeugemuskulatur und damit letztlich zu Hammer- und Krallenzehen. Hinzu kommt oft der sog. Hallux valgus, das Abweichen der Großzehe nach außen mit schmerzhafter Arthrose des Großzehengrundgelenkes und unschöner Ballenbildung. Das Resultat ist ein schlecht belastbarer, schmerzhafter und deformierter Vorfuß, der kaum zum Gehen, noch weniger zu sportlichen Aktivitäten taugt. Was also ist zu tun, um dieser Entwicklung vorzubeugen?

Vorbeugung:

Die Vorbeugung beginnt mit einer freien Entfaltung des Fußes, vor allem während der Wachstumsphase des Skeletts, aber auch danach. Besonders gefährlich sind zu kurze und im Vorfuß zu enge Schuhe, die die Zehen in unnatürliche Positionen zwingen. Das WMS-Kinderschuhsystem (WMS = weit, mittel, schmal. Optimale Passform für Kinderschuhe durch strenge, medizinisch erprobte Konstruktionsvorgaben. WMS-Schuhe werden von allen großen deutschen Kinderschuhherstellern angeboten) trägt z. B. dieser Erkenntnis Rechnung.

Enge Schuhe mit hohem Absatz (Pumps) verlagern zusätzlich noch den Hauptanteil der Belastung auf den Vorfuß, wodurch die Entstehung von Fehlbildungen erheblich beschleunigt wird.

Barfußgehen und -laufen, z. B. auf einer Rasenfläche oder am Strand, ist hingegen die einfachste und wirkungsvollste Form natürlicher Fußgymnastik. Wer lieber zu Hause übt, kann Greifübungen mit den Zehen durchführen, Fußkreisel, Schaumstoffkissen, eine mit Mais gefüllte Kiste und andere Hilfsmittel benutzen, um die Muskulatur fit und den Fuß wortwörtlich in Form zu halten.

Bei einem einmal abgesunkenen Quergewölbe ist es schwer bis unmöglich, nur durch Training die ursprünglichen Verhältnisse wieder herzustellen. In diesem Falle wird der Orthopäde eine Orthese verordnen, also eine Stütze, die - meist in Form einer Einlage - das Quergewölbe in seine ursprüngliche Form bringt. Etwas weniger Platz beansprucht eine sog. Spreizfußpelotte, die im Schuh oder direkt am Vorfuß befestigt werden kann. Bei akuten Schmerzen des Läufers kann dieses kleine Schaumstoffkissen, direkt unter dem schmerzenden Mittelfußköpfchen angebracht und mit einem Tapestreifen fixiert, wahre Wunder wirken.

Generell dienen diese Hilfsmittel dazu, unerwünschte Nebeneffekte der Fußfehlform zu verhindern. Sie erhalten die Funktionsfähigkeit des Fußes, so lange sie verwendet werden. Eine Heilung führen sie jedoch nicht herbei.

R – (chronisches) Reizknie

Ursache:

Noch vor nicht allzu langer Zeit zählten Meniskusoperationen in vielen Krankenhäusern zu den sog. Chefarztoperationen, zu Eingriffen also, die aufgrund ihres Schweregrades nur vom Chefarzt selbst ausgeführt werden durften. Von einem relativ kleinen Schnitt an der Innen- oder Außenseite des Kniegelenkes musste der tief und verborgen im Inneren liegende, schwer zu überschauende Meniskus teilweise oder (der Einfachheit halber) vollständig entfernt werden.

Als dann in den 80er Jahren die arthroskopischen Operationstechniken ihren Siegeszug begannen und die herkömmlichen, „offenen" Methoden verdrängten, geriet auch ein Problem etwas in den Hintergrund, welches bis dahin gar nicht selten Folge eines Gelenkeingriffes war: das chronische Reizknie. In derartigen Fällen dauerte es z. T. Wochen bis Monate, bis das operierte Gelenk abgeschwollen war und sich keine Flüssigkeit mehr im Gelenk sammelte (sog. Erguss), es nicht mehr überwärmt war und nicht mehr schmerzte.
Die modernen Operationstechniken, die sich beileibe nicht nur auf das Knie oder andere Gelenke beschränken (auch Gallenblasen, Blinddärme, Bandscheiben und vieles andere mehr wird heute endoskopisch operiert), werden auch unter der Bezeichnung „mikroinvasiv" zusammengefasst. Mit diesem Begriff verbindet

R

sich ein besonders gewebeschonendes Vorgehen, welches das Infektionsrisiko vermindert, die Heilungszeiten abkürzt und auch chronische Reizzustände nach Operationen verhindern hilft. Das chronische Reizknie ist also als chirurgische Komplikation heute selten geworden, kann aber gerade bei Sportarten, in denen Körperkontakt, Prellungen und Distorsionen zur Tagesordnung gehören, auch ohne vorherige Operation auftreten.

Mancher Sportler schätzt die Befriedigung, an Training oder Wettkampf teilzunehmen, höher ein als seine Gesundheit. Es ist Dummheit, eine chronische Gelenkreizung zu ignorieren und darauf zu hoffen, dass sich die Symptome eines schönen Tages von allein zurückbilden würden.

Abhilfe:

Regelmäßige Reizerscheinungen eines Gelenkes sind auf jeden Fall ernst zu nehmen, das normale Training (der Wettkampf ohnehin!) bis auf weiteres zu unterbrechen und ärztliche bzw. physiotherapeutische Behandlungen einzuleiten. Der Ex-Fußballprofi, der mir berichtete, er lasse sich für jedes Spiel der AH („Alte Herren") das Knie punktieren, ist ein abschreckendes Beispiel. Statt dessen gehören Schonung, Kühlung und reizmindernde Behandlungen, z. B. Salben(kompressions)verbände, Elektrotherapie, Ultraschall etc., zum möglichst täglichen Behandlungsprogramm.

Meist kann ein Ausgleichstraining die Pause überbrü-
cken helfen. Besonders bewährt haben sich Trainings-
einheiten im Wasser (Aqua-Fit, Wassergymnastik), mit
deren Hilfe die Fitness erhalten werden kann, die Belastungen des gereizten Gelenkes aber deutlich vermindert werden. Auch Radfahren (oder Ergometertrai-
ning) mit sehr geringen Widerständen wird oft gut to-
leriert und kann im besten Falle sogar den Heilungs-
prozess fördern.

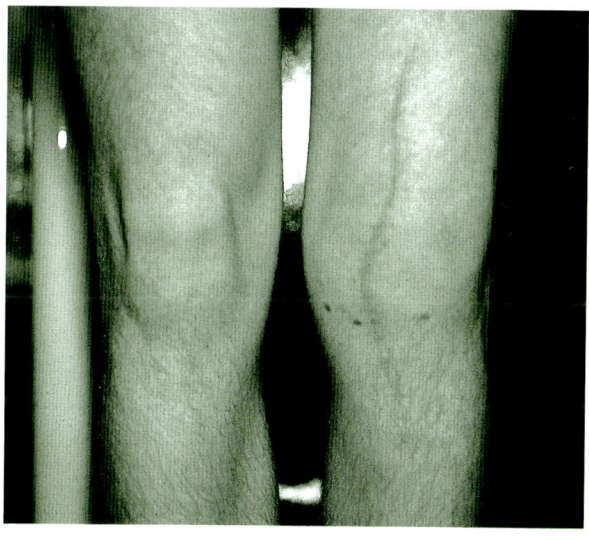

R

Chronisches Reizknie (rechts im Bild)
nach offener Kniegelenks-Operation

S – Sehnenruptur

Ursache:

Sehnengewebe setzt sich vorwiegend aus sog. kollagenen Fasern zusammen, die parallelverlaufend in Längsrichtung angeordnet sind. Ein Netzwerk elastischer Fasern sorgt zusätzlich dafür, dass bei Muskelanspannung die Zugbelastung sanft und progressiv einsetzt. Messfühler (Golgi-Organe) messen die Spannung in der Sehne und melden sie an die „Zentrale" (Rückenmark, Kleinhirn, Großhirnrinde). Dort werden gegebenenfalls der betreffende Muskel gehemmt oder seine Gegenspieler, die sog. Antagonisten, aktiviert, um einen zu starken Muskelzug zu verhindern.

Eine völlig gesunde Sehne ist so belastbar (ca. 5 Kilogramm Zugfestigkeit pro mm^2 Querschnitt), dass sie nur nach einer extremen Krafteinwirkung von außen, beispielsweise einem Unfall bzw. einem anderen, „adäquaten" Trauma, reißt. Wird der Riss hingegen lediglich durch eine heftige, ruckartige Bewegung ausgelöst, gar noch ohne äußeren Anlass, muss eine sog. Degeneration der Sehne, also eine Abnutzung und Schwächung, vorausgegangen sein.

Die Ursachen hierfür sind vielfältig und nicht in jedem Falle leicht zu ermitteln. Infrage kommen:
• Einseitige, übermäßige Beanspruchungen - nicht zuletzt auch im Sport -,
• neuromuskuläre Dysbalancen (Ungleichgewicht ein-

zelner Muskelgruppen zueinander), die eine Mehrbelastung von Muskeln und/oder Sehnen hervorru-
fen können;

- mangelhafte Regeneration (Beispiel eines Top-Fuß-
ball-Bundesligaspielers: Bundesligaspiele, Vereins-
pokal, Europacup, Länderspiele, aber keine Zeit zu
ausreichenden Erholungsphasen) ;
- statische Fehler wie Beinlängendifferenzen, Fußge-
wölbedeformitäten;
- ungünstige Bodenverhältnisse (z. B. auch rutschfeste
Hallenböden);
- nicht zuletzt auch falsche Behandlungen, z. B.
wiederholte Corticoidinjektionen in das Sehnengewebe hinein

und vieles andere mehr.

Der Riss einer Sehne ist ein vergleichsweise dramati-
sches Ereignis. Die Erinnerung an den Riss der Kniescheibensehne eines der besten deutschen Stabhoch-
springers seiner Zeit wird mich nie verlassen. Obwohl
ich am anderen Ende des Stadions stand, wurde ich hef-
tig erschreckt von dem Knall, der den Riss wie ein Pis-
tolenschuss begleitete.

Sehnenrisse erfordern in der Regel eine operative Behandlung. Und das rasch. Denn der seiner Aufhängung
beraubte Muskel „schnurrt" zusammen wie ein Gum-
miband und kann manchmal - insbesondere, wenn
große Muskeln wie die Wadenmuskulatur beim Riss
der Achillessehne oder der Quadriceps beim Riss der
Kniescheibensehne - schon nach wenigen Tagen nicht

mehr auf seine frühere Länge gebracht werden. Die Behandlung erfolgt in Form einer Sehnennaht, ggf. mit Verstärkung durch körpereigenes Gewebe oder auch durch Fremdmaterial.

Ein Sonderfall ist der Ausriss einer Sehne direkt an ihrem knöchernen Ursprung. Hier wird eine Fixierung der Sehne am Knochen mit Hilfe von Bohrlöchern/Nähten erforderlich.

Wichtig an dieser Stelle ist daher der Hinweis, dass sich vorbeugende Maßnahmen aus den oben genannten Risikofaktoren ergeben:
- ausgewogenes, abwechslungsreiches Sporttreiben, Ausgleichssportarten;
- ggf. ergänzendes Krafttraining;
- regelmäßiges Stretching;
- ausreichende Regenerationszeiten;
- Ausgleich statischer Fehler;
- gutes Material;
- verantwortungsvolle Behandlungen im Verletzungsfall

können die Gefahr von Sehnenrissen und ihre oft langwierigen Folgen deutlich vermindern.

T – Trochanter major Friktionssyndrom

Böse Zungen behaupten, dass Ärzte immer dann auf lange, dem Nichtmediziner unverständliche griechisch-lateinische Bezeichnungen zurückgreifen, wenn sie selbst im Dunkeln tappen. Das Trochanter major Friktionssyndrom, wörtlich übersetzt die „durch Reibung ausgelösten Beschwerden am großen Rollhügel des Oberschenkels", ist dafür allerdings kein typisches Beispiel. Denn die Zusammenhänge, die zur Entstehung dieses für Läufer typischen Problems führen, sind relativ gut erklärbar.

Ursache:

Anatomisch findet sich an der Außenseite des Oberschenkels, knapp unterhalb der Gesäßmuskulatur, ein knöcherner, mehr oder weniger gut tastbarer Knochenvorsprung. Hier setzen die Sehnen der hüftabspreizenden Muskulatur an, hier verlaufen aber auch Sehnenstränge, die die Außenseite des Oberschenkels entlang bis zum Knie ziehen. Zusammen haben sie die Aufgabe, das Becken und damit auch das Gewicht von Rumpf und Oberkörper, bei jedem Schritt auf dem jeweiligen Standbein zu stabilisieren.

Bei schwacher Gesäßmuskulatur kann es beim Laufen zu Überlastungserscheinungen kommen, wenn diese Stabilisierung nicht mehr gelingt. Das Becken sinkt bei jedem Schritt (ggf. nur um wenige Millimeter) zur Schwungbeinseite hin ab. Entsprechend hoch wird die

Reibung an der mechanisch besonders exponierten Stelle, dem Trochanter major. Hier kommt es zu Belastungsschmerzen, evtl. auch zu Rötung und Schwellung, was auf eine Schleimbeutelentzündung (Bursitis) hindeutet.

Frauen sind diesbezüglich besonders gefährdet, da sie einerseits über ein breiteres Becken und damit ungünstigere Hebelverhältnisse, andererseits über weniger Muskelkraft als Männer gleichen Körpergewichtes verfügen.

Abhilfe:

Die Gegenmaßnahmen beim Auftreten der beschriebenen Probleme ergeben sich aus der Krankheitsentstehung:

1. Belastungsreduzierung (weniger Laufen, vor allem keine sehr langen Strecken mehr, lieber häufiger und kürzer trainieren; evtl. vorübergehend auf Walking, Radfahren, Aqua-Fit umsatteln)

2. lokale entzündungshemmende Maßnahmen (Dehnen, Eis, Ultraschall, Friktionsmassagen etc.)

3. Falls schmerzfrei möglich: Kräftigung der Gesäßmuskulatur (z. B. Abspreizbewegungen des Beines in Seitlage), z. B. 3 mal pro Woche, anschl. konsequentes Stretching.

Oft dauert es eine Weile, bis das Übungsprogramm Wirkung zeigt. Wer Geduld hat und durchhält, wird aber die Erfolge des Trainings auf jeden Fall spüren. Auch vermeintliche Hüft- und manch hartnäckige Rückenschmerzen reagieren sehr positiv auf dieses verhältnismäßig einfache Trainingsprogramm.

U – Überpronation

Was ist eigentlich die viel zitierte, beschriebene, ja gar beschrieene Überpronation? Will man einen Laufschuh erwerben, wird man automatisch mit diesem Begriff konfrontiert, da der Verkäufer plötzlich wissen will, ob man ein Überpronierer sei, blitzschnell einen Schuh mit Pronationsstützen empfiehlt und ein gerader Leisten sei da überhaupt das beste. Und was wäre der Läuferstammtisch ohne diesen Begriff? Öde, langweilig und nichts sagend wären die Apfelschorletischgespräche, hätte man nicht die Möglichkeit, die Überpronation zu zerpflücken, als sei sie Herrn Riesters letzter Versuch einer Rentenreform.

Ursache:

Die Pronation ist eine natürliche Bewegung des unteren Sprunggelenkes. Sie wird um eine schräg durch den Rückfuß (unteres Sprunggelenk mit Sprungbein, Fersenbein, Kahnbein) verlaufende Bewegungsachse ausgeführt. Daraus erklärt sich, dass bei der Pronation mit dem Anheben des Fußaußenrandes zwangsläufig auch ein Abspreizen und Anheben, bei der Supination mit dem Anheben des Fußinnenrandes ein Anspreizen und Absenken des Fußes verbunden ist. Durch Pronation und Supination passt sich der Fuß vor allem unebenem und abschüssigem Untergrund an. Darüber hinaus aber hat die Pronation die Funktion, die beim Auftreffen des Fußes auf den Boden entstehenden Belastungen, die sog. Bodenreaktionskraft, zu vermindern.

Beim Laufen berührt der Fuß den Boden stets in Supinationshaltung, also zuerst mit dem Fußaußenrand. Beim einen eher mit der Ferse, bei der anderen mit dem Mittelfuß in Höhe des Kleinzehengrundgelenkes. Danach setzt die Pronationsbewegung ein - der Fuß kippt nach innen, normalerweise bis zur stabilen Mittelstellung. Kippt der Fuß (eigentlich das Fersenbein) aber weit darüber hinaus nach innen ab, spricht man von Überpronation. Sie ist häufig bei Instabilitäten des Fußlängsgewölbes zu beobachten, z. B. bei einem Knick-Senkfuß.

Abhilfe:

Um schwere Fehlbelastungen der Gelenke von Rück- und Mittelfuß zu vermeiden, sollte eine ausgeprägte Überpronation begrenzt werden. Dazu sind stabile Schuhe mit sog. Pronationsstütze und/oder stabilisierende Schuheinlagen geeignet. Keinesfalls darf jedoch die Pronationsbewegung vollständig unterdrückt werden, da dem Bewegungsapparat ansonsten der notwendige „Bremsweg" genommen wird, der für das Abfangen der beim Laufen entstehenden Bewegungsenergie erforderlich ist. Diese liegt in der Größenordnung des Zwei- bis Dreifachen des Körpergewichtes (pro Schritt!!).

Interessant ist die Tatsache, dass durch weiches Abfangen des Schrittes mit dem Vorfuß (Vorfußlaufen) die

Pronation „automatisch" gedämpft wird. Man spricht auch vom aktiven Laufstil. Ehe nach dem Aufsetzen des Fußes die Ferse den Boden berührt hat, bleibt den sprunggelenksstabilisierenden Muskeln Zeit , sich anzuspannen und eine manschettenartige Wirkung auf den Rückfuß auszuüben. Somit ist aktives Laufen nicht nur schnell (siehe z. B. Haile Gebreselassie, der äthiopische „Wun-

Haile Gebreselassie

derläufer", der diesen Laufstil perfekt demonstriert), sondern auch gelenkschonend.

Das bedeutet aber keineswegs, dass jeder, der Herrn Gebreselassie schon einmal im Fernsehen bewundert hat, auch seinen Laufstil kopieren sollte. Die Umstellung vom Aufsetzen des Fußes mit der Ferse zum aktiven Laufen kostet Zeit und Kraft. Denn natürlich muss die Wadenmuskulatur mehr arbeiten, muss dementsprechend trainiert sein und darf auch nicht gegen ein zu hohes Körpergewicht ankämpfen müssen. Sonst wird aus dem Traum vom idealen Laufstil schnell ein schmerzhafter (Alb-)traum.

V – Venenerkrankungen

Um es gleich vorweg zu nehmen, Venenerkrankungen sind keine typischen Sportler- (Fußballer-/Läufer-/Radfahrer-)verletzungen. Aber oftmals stellen Betroffene die Frage, ob sie mit ihren Krampfadern, ggf. auch nach einer bereits erfolgten Venenoperation, noch laufen, Rad fahren, Tennis oder Fußball spielen dürfen.

Ursache:

Krampfadern stellen eine schwerwiegende Beeinträchtigung der Venenfunktion dar. Gesunde, funktionsfähige Venen sind als sog. Niederdrucksystem im menschlichen Gefäßkreislauf in der Lage, große Mengen Blut zu speichern und zu transportieren. Die Gefäßwände der Venen sind (in Relation zum Hochdrucksystem der Arterien) vergleichsweise dünn und durchlässig. Um eine optimale Blutfüllung der Venen zu gewährleisten, herrscht ein fein dosierbares Gleichgewicht von durch die Venenwand aus- und einströmender Flüssigkeit vor. Dazu tragen in wesentlichem Maße auch die die Venen umgebenden Muskeln bei. Sie üben äußeren Druck auf die Venen aus. Aufgrund der Tatsache, dass Venen zahlreiche Venenklappen (= Ventile) enthalten, sorgt dieser Druck dafür, dass sich das Blut in den Venen bewegt und zwar nur in einer Richtung - zum Herzen zurück.

Bei schlechter Muskulatur, schwachem Bindegewebe und ungünstigem Belastungsprofil (langes Sitzen mit angewinkelten Beinen, langes regungsloses Stehen) kann es zum Defekt einzelner Venenklappen kommen. Ist erst eine Venenklappe betroffen, wächst der Druck auf die nächsttiefere, die dadurch ebenfalls überlastet wird usw.. Ein Domino-Effekt.

Vorbeugung und Abhilfe:

Bewegung, z. B. Laufen, bringt buchstäblich das Blut in Wallung, aktiviert die Beinmuskulatur und ist somit Venentraining. Jogging ist für Venenpatienten folglich nicht nur erlaubt, sondern erwünscht. Einen Nachteil hat das Laufen dennoch: die bei jedem Schritt auftretende Stoßbelastung ist nicht optimal. Daher werden Sportarten mit einem sanfteren Belastungsverlauf (Radfahren, Schwimmen, Aqua-Fit) als noch besser angesehen, vor allem bei akuten Beschwerden. Der erfahrene Läufer kompensiert diesen Nachteil durch „Aktives Laufen", bei dem er mit Hilfe der Beinmuskulatur jeden Schritt weich abfedert.

Für Sportler mit bereits bestehenden Venenproblemen empfiehlt es sich zusätzlich, auch während des Sports Kompressionsstrümpfe zu tragen. Sportler mit schlankem Körperbau sollten darüber hinaus Krafttraining für die Beinmuskeln (quasi die körpereigenen Stützstrümpfe) durchführen.

W – Wunden

Hautverletzungen in Form von Platzwunden, Schürf-
wunden, kleineren Prellungen usw. gehören zu unver-
meidlichen Begleiterscheinungen aktiven Sporttrei-
bens. Zum Beispiel, wenn man als Fußballspieler jahre-
lang auf Aschenplätzen der Kreisliga dem runden Le-
der nachgejagt ist. Manchmal aber will es scheinen, als
würden die daraus resultierenden Narben mit Stolz, ja
fast als Trophäen männlichen Einsatzwillens getragen.
An Oberschenkel, Hüfte, Knie prangen sie, am liebsten
noch verfärbt durch die roten Reste der Hartplätze, die
sich für immer in und unter der Haut verewigt haben.
Wer nicht grätscht, verliert.

Diese Sammlungen sind allerdings keineswegs auf die
Lieblingssportart des Deutschen beschränkt. Auch bei
InLine-Skatern scheinen Hautverletzungen zum guten
Ton zu gehören - warum sonst würde man so viele
von ihnen ohne Protektoren (Schutzmanschetten für
Hand-, Ellbogen- und Kniegelenke. Helm nicht verges-

sen!) durch die Landschaft gleiten sehen? Der Läufer hingegen trägt seine Trophäen verdeckt. Hier sind Blasen und blutunterlaufene Zehennägel besonders beliebt (s. dort).

Ursache:

Dabei wird geflissentlich übersehen, dass vor allem offene Hautverletzungen nicht gerade ungefährlich sind. Erreger von Tetanus (Wundstarrkrampf) finden sich besonders im Erdreich in höherer Zahl, so dass die Tetanus-Schutzimpfung, ggf. mehrfach aufgefrischt, eigentlich zur Grundausstattung eines jeden Freiluftsportlers gehören sollte. Die sofortige Säuberung, Desinfektion und der sterile Verband von Wunden verstehen sich eigentlich von selbst. In Zeiten von AIDS ist es glücklicherweise nicht mehr gestattet, an einer Mannschaftssportart mit offenen oder gar blutenden Wunden teilzunehmen.

Behandlung:

Meist ist nach der Hautverletzung eine ärztliche Weiterbehandlung ratsam oder gar unumgänglich. Gerade bei Verunreinigungen, bei zerfetzten Wundrändern oder tiefergehenden Läsionen wird die Heilungstendenz durch eine fachgerechte Wundversorgung drastisch verbessert. Die Wunden heilen nicht nur schneller, evtl. Folgeprobleme wie z.B. Narbenbeschwerden können auf diesem Wege auch recht sicher vermieden werden.

Mannschaftsärzte und Physiotherapeuten sind in den unteren Spielklassen von Fußball, Handball, Volleyball naturgemäß Mangelware. Sportvereinen wird empfohlen, wenigstens einen Koffer mit entsprechender Ausstattung zur Sofortbehandlung am Spielfeldrand bereitzustellen. Dazu gehört natürlich auch, den Inhalt regelmäßig überprüfen und ggf. auswechseln zu lassen. Und es sollte auch für die regelmäßige Schulung der Vereinsmitglieder gesorgt werden, die für die Erstversorgung der verletzten Spieler verantwortlich sind. Vielerorts ist das leider nur in Eigeninitiative möglich, z.B. auf Veranstaltungen, die durch sportinteressierte Ärzte angeboten werden. Hier besteht fraglos noch erheblicher Nachholbedarf - zu Ihrer Sicherheit und der Ihrer Mannschaftskameraden.

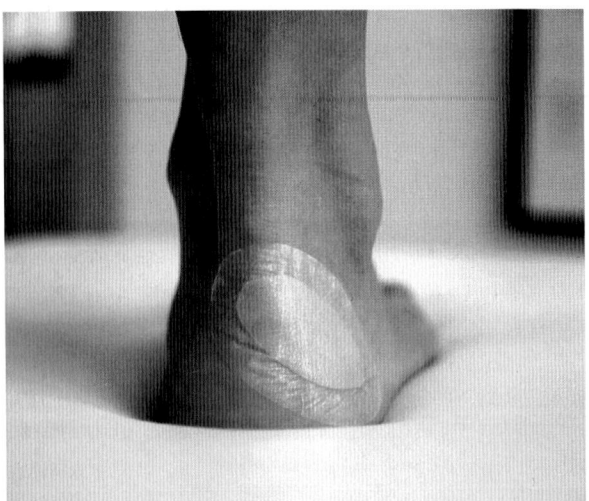

X – X-Band-Ruptur
(Riss des vorderen Kreuzbandes)

Der Riss des vorderen Kreuzbandes ist eine der schwersten Verletzungen des Kniegelenkes überhaupt.

Vorderes und hinteres Kreuzband befinden sich im Innern des Gelenkraumes (von außen nicht sicht- oder tastbar) und gehören zu seinen wichtigsten Strukturen. Vordergründig verhindern sie Falschbewegungen zwischen Unterschenkel (Schienbein) und Oberschenkel, insbesondere, dass sich der Unterschenkel gegen den Oberschenkel nach vorn oder hinten verschiebt.

Zusätzlich kommt den Kreuzbändern noch eine ganz entscheidende Funktion zu. Die Beugung und Streckung des Kniegelenkes stellt eine höchst komplizierte Kombination aus Roll- und Gleitbewegung dar. Der Wechsel vom Rollen zum Gleiten und zurück hängt von funktionsfähigen (also vorhandenen, nicht ausgelockerten) Kreuzbändern ab. In dieser Funktion der Kreuzbänder ist möglicherweise auch die Hauptursache dafür zu sehen, dass eine unversorgte Kreuzbandverletzung früher oder später mit an Sicherheit grenzender Wahrscheinlichkeit in eine Arthrose des Kniegelenkes mit Bewegungseinschränkung und Schmerzen mündet.

Ursache:

Der Unfallmechanismus, der zur Kreuzbandverletzung führt, kann höchst unterschiedlicher Natur sein. Von Bagatellbewegungen wie Stolpern, Ausrutschen auf glattem Untergrund, Verdrehen des Oberkörpers bei fixiertem Fuß bis hin zu schweren Komplexverletzungen (Autounfall) reicht die Palette. Daher ist die Diagnosestellung auch nicht immer einfach. Klinische Tests (manuelle Untersuchung des Kniegelenkes durch den Arzt) sind oft, aber nicht in jedem Falle aufschlussreich. Einfache Röntgenaufnahmen stellen nur die knöchernen Strukturen dar, geben also wenn überhaupt nur indirekte Hinweise auf eine Kreuzbandverletzung. Die Magnetresonanztomographie (NMR, Kernspintomographie) bildet die Verhältnisse am ruhenden Knie in hervorragender Weise ab, gibt aber keinen Hinweis auf die tatsächliche funktionelle Situation des Gelenkes. Am aufschlussreichsten ist letztlich die arthroskopische Untersuchung, die jedoch einen wenn auch kleinen operativen Eingriff darstellt - mit allen damit verbundenen Risiken wie Infektion, Narkosezwischenfällen etc.

Die modernen Operationsmethoden bei Kreuzbandverletzungen sehen einen Ersatz der zerrissenen Bandstrukturen vor. In über 95 % der Fälle ist das *vordere* Kreuzband betroffen und wird heute schon fast routinemäßig einer operativen Behandlung zugeführt. Einfache Nähte der zerrissenen Faserbündel haben sich nicht bewährt, da deren Heilungstendenz sehr schlecht ist. Daher wird heute das Kreuzband mit körpereige-

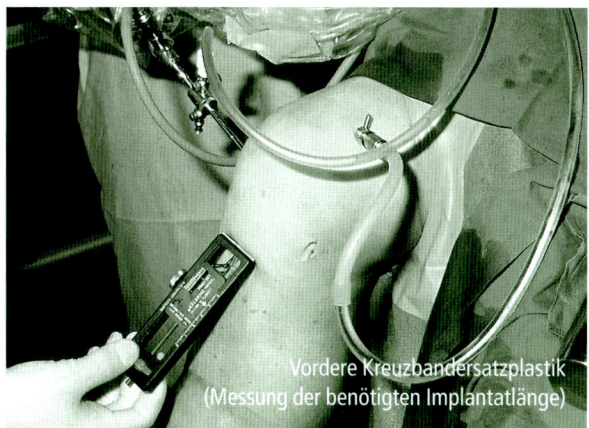

Vordere Kreuzbandersatzplastik
(Messung der benötigten Implantatlänge)

nem Sehnenmaterial ersetzt, entweder mit einem Drittel der längsgespaltenen Kniescheibensehne oder mit der Sehne des M. semitendinosus (halbsehniger Muskel) an der Oberschenkelrückseite. In der Regel wird die isolierte Sehne mit Hilfe von Bohrlöchern in Schienbein und Oberschenkel so fixiert, dass sie dem verletzten vorderen Kreuzband entsprechend durch das Kniegelenk verläuft. Man spricht von einer „vorderen Kreuzband-Ersatzplastik".

Die Nachbehandlung ist bei der heutigen sog. mikroinvasiven Operationsmethode einfacher geworden als zu Zeiten, als noch mit riesigen Schnitten das Kniegelenk vollständig eröffnet wurde (siehe auch Abbildung Seite 71). Oft ist die freie Beweglichkeit schon kurz nach der Operation erreicht. Reizzustände und Schmerzen sind in aller Regel gering. Eine Entlastung mit Gehstützen für wenige Wochen und das Tragen einer Orthese

(Kniegelenksschiene) werden eigentlich nur noch aus Sicherheitsgründen gefordert, um das Knie und die implantierte Sehne vor zu früher Belastung zu schützen.

Auf eine Besonderheit der Nachbehandlung einer solchen vorderen Kreuzband-Ersatzplastik muss aber noch hingewiesen werden. Zum Zeitpunkt der Operation wird das Sehnengewebe fest im Knochen fixiert. Im Laufe der folgenden Wochen wird die eingesetzte Sehne in neues, körpereigenes Sehnengewebe überführt. In dieser Phase des Gewebeumbaus sinkt die Belastungsfähigkeit des neuen Kreuzbandes. Damit ergibt sich das Paradox, dass der Patient seine steigende Fitness spürt, die Belastungsfähigkeit des operierten Kniegelenkes jedoch vorübergehend wieder nachlässt. Vor allem im Zeitraum zwischen der 6. und 16. Woche nach der Operation scheint die Gefährdung am höchsten zu sein. Es hat sich bewährt, in dieser Phase noch keine heftigen, ruckartigen oder mit hohem Krafteinsatz verbundenen Trainingsmaßnahmen durchzuführen.

Bei erfolgreichem Kreuzbandersatz kann sich die volle Sportfähigkeit praktisch in jeder Sportart wieder einstellen, einen konsequenten Trainingsaufbau (Kraft, Beweglichkeit, Koordination, Ausdauer) über Monate vorausgesetzt.

Z – Zerrungen
und andere (gedeckte) Akutverletzungen

Ursache:

Gerade bei Spielsportarten wie Fußball, Handball, Eishockey usw. (man könnte sie auch Kampfsportarten nennen, so geht's dort manchmal zu) sind Akutverletzungen an der Tagesordnung. Häufig sind es vermeintliche Bagatellen, die vom Spieler im Eifer des Gefechts ignoriert oder gar nicht wahrgenommen werden. Oftmals hat aber auch eine scheinbar harmlose Verletzung Folgen für den Bewegungsapparat, die sich auf die Dauer summieren: Beispielsweise führt die ständige Überlastung der Sprunggelenksbänder durch vielmaliges Umknicken zu deren Lockerung. Wiederholte Prellungen von Gelenken schädigen den Knorpel und können Gelenkveränderungen bis hin zur Arthrose (Gelenkabnutzung, s. dort) verursachen usw.

Hunderte, ja Tausende von Malen ist es schon geschehen, dass eine zunächst als Kleinigkeit angesehene Verletzung sich bei näherem Hinsehen als schwerwiegende Beeinträchtigung erwiesen hat. Und dass der/die verletzte Sportler/in großes Glück gehabt hat, den Wettkampf beendet zu haben: Der Rückenschmerz, der sich als (gefährliche) Wirbelkörperfraktur erwies. Die Knieprellung, die letztendlich ein Kreuzbandriss war. Die leichte Zerrung, die sich als schwerer Muskelfaserriss herausstellte (mit tiefer Einblutung in den Muskel).

Z

Daher sollten auch vermeintlich kleinere Verletzungen, wenn sie mit Schwellung, Rötung, Schmerzen einhergehen, ernst genommen werden. Es ist kein Zeichen von Männlichkeit, Schmerzen zu überspielen, evtl. auf Kosten der späteren Gesundheit! Das richtige Verhalten direkt nach einer frisch erlittenen Verletzung kann man sich leicht merken, wenn man an das Pech denkt, welches mit einer solchen Verletzung verbunden ist. PECH ist das Schlüsselwort, an das man im Falle eines Falles denken sollte:

P - Pause
E - Eis
C - Compression
H - Hochlagerung

Übersetzt in Klartext bedeutet das, nach einer Verletzung, deren endgültige Abklärung durchaus später erfolgen kann, zunächst die sportliche Aktivität abzubrechen ist (also nicht weitermachen um jeden Preis!). Die verletzte Gliedmaße ist hoch zu lagern, ein nicht zu fester Kompressionsverband anzulegen und - z. B. mit Kältepackungen, kalten Umschlägen o. ä. - zu kühlen. Die weitere, ggf. endgültige Diagnosestellung und Versorgung kann dann fachgerecht durch einen Arzt erfolgen.

Nach einer Zerrung muss mit einer Sportpause von - je nach Schweregrad - 4–6 Wochen gerechnet werden. Die Ausheilung kann bis zum heutigen Tage nicht wesentlich beschleunigt werden. Allerdings ist es möglich, eine verzögerte Heilung zu verhindern. Das geschieht durch das richtige Verhalten direkt nach der Verletzung (s. o.), durch milde, aber längerfristige Kühlung für 24 bis 48 Stunden, durch Lockerung der angrenzenden Muskulatur (keine Massage im Verletzungsbereich!!), durch ganz vorsichtiges Dehnen des Muskels beginnend nach ca. 72 Stunden. Hier benötigt der/die Sportler/in viel Feingefühl, um die richtige Dosis zu finden, den Muskel einerseits ganz sanft zur Regeneration anzuregen, ihn andererseits aber nicht zu stark zu fordern. Ausgleichssportarten wie Radfahren, Aqua-Fit, leichtes Krafttraining ermöglichen oft schon ein leichtes Training, wenn's ansonsten noch klemmt. Aber denken Sie daran: erlaubt ist nur, was keine Schmerzen bereitet.

Dehnung der hinteren Oberschenkelmuskulatur

In Rückenlage wird die hintere Oberschenkelmuskulatur gedehnt, indem der Oberschenkel des betreffenden Beines in eine senkrechte Position gebracht und mit den Händen fixiert wird. Dann wird das Kniegelenk langsam gestreckt, falls möglich vollständig. Achten Sie darauf, das gegenseitige Bein flach auf den Boden zu drücken und dort zu halten.

A
B
C
D
E
F
G
H
I
J
K
L
M
N
O
P
Q
R
S
T
U
V
W
X
Z

Dr. Thomas Wessinghage, geboren 1952, ist Orthopäde und Chefarzt der Rehaklinik Saarschleife.

Der begeisterte Läufer wurde 1982 Europameister über 5000 m und ist nach wie vor Halter von zwei deutschen Rekorden.

Dr. Wessinghage bietet Laufseminare im In- und Ausland an und ist erfolgreicher Buchautor. In *Das kleine ABC der Sportverletzungen* gibt er sein langjähriges Wissen als Orthopäde und Sportler an alle weiter, denen Gesundheit und vernünftiges Sporttreiben am Herzen liegen.

Seminare:

Laufseminare, Erholung, orthopädische Betreuung finden Sie in der Rehaklinik Saarschleife
Cloefstraße 1a · 66693 Mettlach-Orscholz
www.saarschleife.de

Das Laufseminar „Fit Forever" kann gebucht werden bei
Medical Consultants
Eckenhaider Weg 6a · 91207 Lauf
www.medical-consultants.de

Literatur:

Ernährung und Training fürs Leben
von Dr. Thomas Wessinghage
und Dr. Wolfgang Feil · WESSP. Verlag

Laufen
von Dr. Thomas Wessinghage · BLV Verlag

Fit Forever - 3 Säulen für Ihre Leistungsfähigkeit
von Dr. Michael Spitzbart · WESSP. Verlag

Aqua-Fit® Westen für alle

Wet Vest Body®

**Optimale Wirbelsäulen-
haltung und
Wärmeisolation.**

Weltneuheit

Der Wet Vest Body®
sitzt fest am Körper, ermöglicht akti-
vere Armarbeit und bietet mehr Stabilität. Der Wasserwiderstand wird
erhöht, das heisst: effektiveres Kraft-
ausdauertraining und höherer
Kalorienverbrauch. Hoher Tragekomfort
und sportliche Optik.

Damen
Farbe: blau
Grössen: 34,
36/38, 40/42,
44/46, 48/50
Best.-Nr. 6666

Herren
Farbe: blau/schwarz
Grössen: XS, S,
M, L, XL
Best.-Nr. 6667

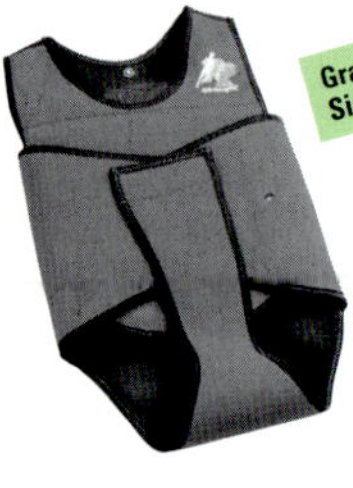

**Gratis zu jeder Vest erhalten
Sie die Broschüre Aqua-Fit**

EC Vest
Einheitsgrösse S–L
(Bei Grösse XL Wet Vest II in
Grösse L einsetzen)
Farben: blau, schwarz, rot
Best.-Nr. 1305

Vest für Sinker
Lösung für sogenannte «Sinker». «Sinker» nennt man Per-
sonen, die trotz der Wet Vest zuwenig Auftrieb haben.
Ausschlaggebend ist das sog. spezifische Körpergewicht.
Farbe: schwarz, Grössen: XS–XL   Best.-Nr. 4500

Wet Vest II
Noch kompfortabler, da
noch bessere Polsterung
und zusätzliche Auftriebs-
körper an Brust und
Rücken. Farben: blau, rot
Grössen: XS–XL
Best.-Nr. 1304

AT-Trainer
Die zur Zeit kleinste Auf-
triebshilfe für das Aqua-
Fit-Programm. Geeignet für
Fortgeschrittene.
Der AT-Trainer verleiht
zwar mehr Bewegungs-
freiheit, erfordert dafür
auch mehr Geschicklich-
keit. Farben: blau, schwarz
Grössen: S/M, L/XL
Best.-Nr. 1309

Aqua-Fit Video
Mit Markus Ryffel und Dr. Thomas Wessinghage (Dauer:
15 Min.). Alles was Sie über die
Trainingsmöglichkeiten im Wasser schon immer wissen wollten
erfahren Sie in diesem attrakti-
ven Video, produziert von der
Sportschule Magglingen.
Ein Muss für alle, die das Ele-
ment Wasser in ihr Fitness- oder
Trainingsprogramm einbauen
wollen. Mit Begleitbroschüre.
Best.-Nr. 4248 (deutsch),
4248 (franz), 4248 (ital.)

Deutschland: Klaus Blessing
Tarodunumweg 51, D-79199 Kirchzarten
Tel. 07661-981977, Fax 07661-981978
KlausBlessing@t-online.de

Schweiz: Ryffel Running Versand AG
Seestrasse 82, CH-8512 Uster 2
Tel. 01 905 82 00, Fax 01 940 04 70
aqua@ryffel.ch, www.ryffel.ch

RYFFEL ONLINE
www.ryffel.ch
INTERNET SHOPPING